让提问更有效

Making QuestiOns Work

更有效

[加] 多萝西·斯特拉坎（Dorothy Strachan） / 著

张树金 / 译

献给我亲爱的家人，多年来你们默默忍受了我太多提问。

我将持续改进咱们家的金科玉律：晚上9点以后不再问问题。

致　谢

很多同事、客户和会议参与者，无论是个人还是团队，都以独特的方式为本书的出版做出了贡献。我真诚地感谢过去几年所有参与这段美妙创作过程的人们。

特别感谢保罗·汤姆林森和玛丽安·皮特斯，他们全面而细致地审读了本书的初稿。还要感谢所有为本书的第一版《有效提问》做出过贡献的朋友，以及安娜·鲁伊兹为本书所付出的耐心与大力提供的行政支持。

译　序

告诉你一个我的小秘密：从上学到工作，我特别擅长收集与手头要解决的问题相关的资源。我总是能比身边的大多数人更快、更多、更好地收集到一些资源供自己或他人参考。后来，接触到盖洛普优势理论，我才明白这是自己的"学习"才干在发挥作用。在过去十几年学习与实践引导的过程中，我收集过许多专业资料，包括图书、期刊、手册、PPT、音视频和网络文章等。《让提问更有效》就是我淘到的好书之一。

当我第一次拿到英文原书时，就被作者列出的各种提问场景所吸引。作者将自己多年引导实践中的提问分类整理并集结成册，这对引导者来说是非常宝贵的资源。从好问题长什么样到提出问题后的追问，从开启一场引导会议到结束会议，从激发团队行动到批判性思考与解决问题，作者不仅提供了清晰的提问框架，还给出了大量的问题分类与范例。这对于早期实践引导的我来说非常有帮助。那时，每当接到一个新的、有挑战性的客户需求时，我总会翻翻书中的例子。虽然未必能直接找到解决我手头项目要如何提问的答案，但总能给我带来有益的思路和启发。现在看来，《让提问更有效》就是我当初设计引导提问的纸质版 ChatGPT。

更多内容细节留待你在书中探索。我想给你分享一个我在译书过程中对一件事的反思，这与作者在第二章谈到的引导的核心价值观有关。虽然正直、真实和相互尊重这三项核心价值观看起来很简单，但实践引导多年之后，即使活到了"知天命"的年纪，这些核心价值观依然是我需要体悟和修行的关键。

曾经有一位上过我引导课的学员请我为其客户做会议引导培训。我平时很少与机构合作，但考虑到彼此认识，而且我在几年前为其原单位做过一个小项目，我便答应了邀请。一开始，对方在沟通课酬时提出了砍价，这可以理解；后来又增加了免费的训后辅导，我也同意了。但对方在未沟通的情况下将"增值服务"写到合同上的细节多少让我有些不快。在我看来，承诺过的事情就会做到，无需这般防范我。转念一想，这是对方创业以来第一次与我商业合作，我也就没说什么。

后来进行客户访谈时，因其助手未协调好时间而错过了一位代表的访谈，糟糕的是我也在微信群里被抱怨，这让我很不舒服。考虑到过去的缘分，我依然没说什么。再后来，对方的几次强势沟通方式，以及其助手几次或许无意但极度缺乏同理心的互动，尤其是培训完支付课酬的方式将我的"不平等感"和"不被信任感"拉至满级。

我说这些不是想怪罪对方——对方也有做得好的地方，比如与我签好合同后先付了首款，而是想告诉你我对此事的反思。在我感到不舒服和很不舒服时，我违背了作者谈到的第二项核心价值观：真实。作者在书中谈到："真实涉及真诚和诚实，即在与他人合作时不自欺欺人，忠于自己。"反思当初，我应该及时将自己的感受和想法告诉对方。那样可能会让自己或双方情面上感到不舒服，但总比后来"被删好友"强。我没有对自己，也没有对对方表现得足够真实。这是我从自身看到的那次合作"糟糕"的原因。

这件事还让我想到，作为引导者服务客户或团队时，践行真实价值观的重要性。如果我装出什么都会的样子，没有真正将客户放在心里和眼里；如果我忽视客户的真实需求，带着既定方案向客户去证明自己；如果我遇到自己不能单方处理的事情却碍于情面绕过客户而出错；如果在需求超出

译　序

我的能力范围时,我没有坦言自己的能力不及,却包揽下来而导致出问题;如果我在现场无视团队成员有损团队共识的行为等等;这些情景都可能出现在引导者服务客户的过程中。

无论是像我这样的外部引导者,还是组织内部的专兼职引导者,抑或是任何一位顾问、教练或培训师,都值得好好借鉴和深刻反思。

因为"真实不是模仿你的偶像,也不是用不像你的风格开玩笑"。真实"既是对内容和技艺的掌控,也是对自我认知的追求。这意味着引导者要学会舒适地接受自己,把个人的知识和专业技能视作推动有效的团队过程的工具,而非单纯为了展示。真实作为一项核心价值观,能够帮助引导者更清楚地理解团队,而不是被表面所欺骗。展现真实性还有助于从参与者那里获得真实的反馈"。

因此,我也感谢那次不愉快的合作,因为它让我在变成"老顽固"前体悟到"真实"的可贵,提醒着我在服务客户和与人交往的过程中要时时刻刻践行这些核心价值观。

关于本书读者,正如原书副标题所写,它适用于任何引导者、顾问、管理者、教练和教育工作者,因为这些人经常需要带领团队工作。带领团队工作的一个公开秘诀是让人们参与进来,而有效提问又是让团队参与、激发团队潜能,帮助团队有效对话与达成共识,激发行动的关键。因此,所有这些经常帮助团队有效工作的人都能从本书获益。因为引导者或助人者需要"学会爱上所有的提问,包括提给我们自己和别人的问题"。

作为译者,我由衷地希望《让提问更有效》对你有所帮助,让你的提问更上一层楼!

前　言

担任引导者占据了我大部分职业生涯。我最初是一名高中教师，后来在社区学院担任教师和管理者，之后担任一家小型咨询公司的负责人，从此开启了我专业引导者的生涯。

现在，我是渥太华一家过程咨询公司（斯特拉坎-汤姆林森）的合伙人。在过去的30多年中，我们的很多工作主要聚焦于设计与引导与组织发展相关的过程，包括战略规划、团队建设、政策制订、知识迁移、组织变革以及引导者和过程咨询师的培养等。我们与本地、区域、全国乃至国际上的各类公共、私营和非营利机构合作。

我的商业合作伙伴是保罗·汤姆林森（Paul Tomlinson）。他的特长是收集与开发有助于我们做好引导工作的背景信息与核心概念。他的成人教育背景是我们公司构建以学习为中心的团体过程及组织变革方法论的重要基础。本书凡是提到"我们"时，指的都是保罗和我。

2006年10月

多萝西·斯特拉坎

于加拿大渥太华

关于本书

很多引导者会花大量时间寻找和构思针对某个主题、情境和团体的问题。有些问题对某个团体起作用，但用到其他团体时却完全行不通。

本书旨在减少引导者寻找和构思这类问题所花的时间与精力。本书将重点介绍基本过程框架，以及很多实用、经过验证且能灵活用于很多场景的工具、策略和实例。

书中资源适用于那些具有协助团队工作经验，且愿意扩展其有效提问的知识与技能的引导者。这类人员包括专业引导者、经理人、教师、培训师、社区组织者、项目经理、律师、高管、教授、医护人员、调解员、谈判人员、人力资源专业人士、政治家、教练、社会工作者和咨询师等。还有一些人也经常做引导，但他们并没有把自己视作专业引导者，本书对他们也会很有帮助。

无论你的角色是什么，在合适的时间向合适的人提出合适的问题是有效团体过程的核心，也是有效与动态引导的关键。

《让提问更有效》一书包括了数百个可供引导者借鉴的实践指南、要点提示与具体建议。

第一部分"如何提问"介绍了有效提问的基本原则。

其中第一章"有效的问题"介绍了提问的过程框架，如何构建问题，问题的类型，刻意提问的技巧及注意事项。

第二章"引导的核心价值观"探讨了如何用引导的核心价值观有效指导团体过程中的提问。

第三章"追问"介绍了一系列帮助引导者深入推进讨论的跟进式提问方式。

第二部分"问什么"分五章介绍了大约1800个问题实例，可供引导者用于解决做团体引导时遇到的挑战。其中的每一章首先介绍了一个过程框架，该框架可作为各章主题下引导问题与挑战的通用指南。然后，我们提供了设计与提问的指南，以及针对不同主题的问题清单。书中还为读者预留了记录更多问题的专用区域，便于读者将本书做成一个个性化的问题库。每章后面都以引导者常见的挑战为例进行了说明。

第四章"开启会议的提问"介绍了一个用于帮助参与者互相了解、澄清期待和建立承诺的过程框架。

第五章"激发行动的提问"介绍了"What 什么？So What 这意味着什么？Now What 现在怎么办？"的过程框架（简称3W），这是一种以结果为导向的三步引导方法。

第六章"批判性思考的提问"旨在帮助参与者反思事情是如何完成的，以及为什么要这样做。能够提出这类问题是团队成员解决复杂问题的一项重要技能。

第七章"解决问题的提问"阐述了与问题分析和解决有关的六类系统化提问方式，这些是很多引导过程的共同要素。

第八章"结束会议的提问"介绍了引导者在结束会议时应对不同挑战的多种选择。

虽然每一章都相对独立，但它们彼此也有内在的关联。例如，第二章"引导的核心价值观"是第四章"开启会议的提问"中讲到的过程框架的核心。而第六章"批判性思考的提问"中的很多问题示例，也能用到第七章"解决问题的提问"中所讲到的过程框架里。

问题措词上的细微差别与提问时的情境是关键。虽然在第二部分有好几章都提到了采取行动的问题，但第五章中的问题示例适用于各种情境，与第七章中采取行动的问题会有所不同。理解不同情境和措词上的细微差别是让提问与特定情境保持贴切的关键。

在结尾的**后记**中，作者分享了多年来从实践中习得的担任过程顾问的很多真知灼见。

▷ 书中常用术语

首先，解释一下本书常用的几个名词术语。

- **客户（Client）**：引导者服务并且需要与其合作开发过程的个人或团体。客户可以是项目的策划委员会、董事会、管理人员、其他负责人或小组。
- **引导者（Facilitator）**：带领团体过程的人。其中既包括专业引导者，也包括经理人、教师、培训师、社区组织者、项目经理、律师、执行官、教授、医护人员、调解人员、谈判人员、人力资源专业人员、政治家、社工和顾问等。还有一些人也经常做引导，但他们并没有把自己视作专业引导者。
- **团体（Group）**：三个或更多想共同完成任务的人。
- **团体成员（Group member）**：参与团体过程的人，可与**参与者**相替换。
- **参与者（Participant）**：参与团体过程的人，可与**团体成员**相替换。
- **集体（Plenary）**：聚在一起的所有人。例如，当多个小组聚在一起讨论时就被称为集体。
- **过程（Process）**：诸如临时性的碰头会、工作坊、研讨会、会议或圆桌会等多种形式的结构化团体活动。

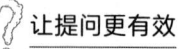 让提问更有效

- 追问（Prompt）：用于澄清回答，或针对特定点进行更多信息探索的跟进式提问。
- 会议（Session）：在诸如几个小时、一天、一个周末或一周等有限时间内实施的引导过程，也称为工作坊。

我们很愿意与您分享对我们来说最有益的方法，同时也希望这些方法能够帮助你更好地厘清思路，在对的时机提出对的问题。

目 录

第一部分 如何提问

第1章 有效的问题 ·· 002
　　过程框架 ··· 003
　　刻意提问 ··· 007
　　刻意提问的技巧 ······································· 011
　　温馨提示 ··· 025

第2章 引导的核心价值观 ································ 028
　　从价值观到行动 ······································· 029
　　正直 ··· 030
　　真实 ··· 039
　　互相尊重 ··· 045
　　依靠价值观 ··· 050

第3章 追 问 ·· 052
　　为澄清而追问 ··· 053

追问观点 ·· 054

追问合理性 ·· 055

追问选择 ·· 056

追问影响 ·· 057

第二部分　问什么

第 4 章　开启会议的提问 ·· 060
过程框架 ·· 060

开启会议的提问指南 ····························· 062

问题库 ·· 064

常见挑战 ·· 076

第 5 章　激发行动的提问 ·· 084
过程框架 ·· 084

激发行动的提问指南 ····························· 087

问题库 ·· 089

常见挑战 ·· 103

第 6 章　批判性思考的提问 ·· 110
过程框架 ·· 112

开启批判性思考的问题指南 ················ 113

问题库 ·· 115

常见挑战 ·· 138

目录

第 7 章　解决问题的提问 ·· **145**
　　过程框架 ··· 145
　　解决问题的提问指南 ··· 146
　　问题库 ··· 149
　　常见挑战 ··· 170

第 8 章　结束会议的提问 ·· **176**
　　过程框架 ··· 176
　　结束会议的提问指南 ··· 177
　　问题库 ··· 178
　　常见挑战 ··· 190

后　记 ··· **197**

参考文献 ··· **200**

第一部分
如何提问

第 1 章

有效的问题

提到引导，我们都知道是提问让事情得以发生；问题是推动团体过程健康发展与富有成效的引擎。

引导者设计提问是为了帮助团队解决面临的挑战性问题。有效的问题是那些能在特定时间、特定情形下、对特定人群发挥作用的问题。有时候，一个问题对某个团体有效，但对其他团体可能完全无效，其中的关键是提问时的情境。

当提问有助于达成过程目的与目标时才会发挥作用。对于胜任的引导者来说，有效提问是做好开启会议、达成共识、激发行动、批判性思考、解决问题和结束会议的基本功。

几年前，有一家全国性的智库，邀请加拿大排名前 30 位的企业首席执行官制订过一项全国战略，用以培养和支持那些有发展前途的青年商业领袖。作为会议开场的环节之一，我们让大家通过回答以下问题来做自我介绍："在你的职业生涯中，关于组织领导力，你的一项重要学习是什么？"请像宣读戒律一样说出你的答案。

人们给出的答案既简洁又丰富。这些答案激发了现场的团队，促使与会的领导者们集中讨论了青年商业领袖要学习的内容，要敢于冒险和提出创新的想法，由此开启并制订了一项全国性的领导力愿景。

与会者的一些答案有：

- 让人们得以纪念过去，以便在未来做出改变。
- 进一步发展组织的优势和传统。
- 为组织变革做好准备。
- 带领人们**迈向**目标而非远离它。
- 组织领导力需要激情和阔步前行；领导力不是观赏性的运动项目。
- 权力与商业领导力并不总是同向发展的。

看到这些答案在领导者之间产生"魔法"让人感到愉悦。然而，由于某些原因，其他环节的问题没能起到同样的效果。这或许是因为他们还不够专注，或者他们面对的人太多或过少。在最后总结报告时，我们反思道：如果在小组讨论时修改几个提问，让参与者更清楚地知道自己被期待的具体结果是什么，效果可能会更好一些。

当提问真的起作用时，你能感受到是问题在竭尽全力地支撑着团体过程的发展，帮助参与者到达他们想去往的地方。

过程框架

过程框架是指导引导者在结构化团体过程中逐步操作的概念性指南。

无论是在一天的战略规划会上，还是在多次、长时间的团队建设项目中，过程框架就像一张由有待解决的挑战性难题组成的地图，它让过程变得更明晰，为过程的聚焦提供参考，帮助引导者有意识地构建问题。

尽管不同的过程有其独特的发展历史、适用场景、目标和各自的复杂因素，但它们都有着引导的典型特点。本书第二部分将依次介绍五种常见的引导过程框架（表1.1）。

表1.1 五种过程框架

开启会议	激发行动	批判性思考	解决问题	结束会议
1. 互相了解 2. 澄清期待 3. 建立承诺	1. 什么？ 2. 这意味着什么？ 3. 现在怎么办？	1. 明确假设与观点 2. 理解利益和权力关系 3. 探索不同的思维与行动方式 4. 做出道德选择	1. 理解背景 2. 澄清问题 3. 创建行动选项 4. 测试行动选项 5. 做出决定 6. 采取行动	1. 回顾过去 2. 展望未来

过程框架为引导某个问题或挑战的解决提供了具体方法。多数会议至少需要用到三种框架：一个用于开启过程，另一个用于解决具体的问题或挑战，最后一个用于结束该过程。一旦你弄清楚某个团体过程所需要的框架或框架组合，你就可以查询书中对应的过程框架。此时，提什么问题就会变得显而易见。这些过程框架能够帮助你通过刻意提问来达成目标。

例如，如果你想引用调查报告中的建议来引导团队采取具体的行动，你就可以用激发行动的过程框架（图1.1和第五章）指导自己构思所需要的问题。

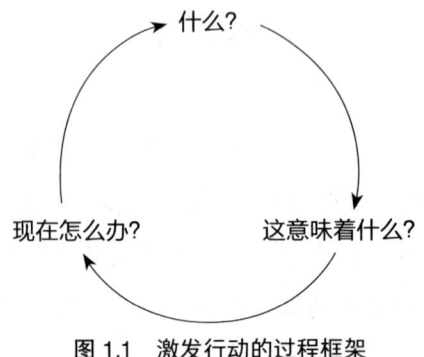

图1.1 激发行动的过程框架

> 整体看待世界的一种有效方法是使用地图——一个能让人找到所需信息的计划或路线。当然，这些所需并非全部，否则地图就跟现实没什么两样；而是那些最突出、对确定方向最重要的东西，比如你不能错过的显著地标等。如果你真错过了它们，那会让你感到非常迷茫与困惑。
>
> ——舒马赫，1977 年

你可以在会上参考这个过程框架，特别关注一下"现在怎么办"环节的提问，这有助于将过程推向决策阶段。你可以提前设计好问题，也可以在现场构思。无论你采用哪种方式，过程框架都可以帮助你有意识地构建所需要的问题并帮助团队前行。

过程框架是灵活的。正如地图并非实际地貌一样，过程框架也并非会议流程本身。然而，过程框架却能作为一个有力的参考点，因为它给出了基本结构，所以过程框架很有用（科日布斯基，1933 年）。有了过程框架，引导者就不会被困在会议中，更不会不清楚接下来要问什么，而是可以依靠过程框架构思需要提出的问题。比如，当会议进行到某个时间点时，引导者可能会暗自思考，"大家已经花了很长时间讨论报告中的关键内容，他们或许需要进入下一步反思环节了。"正是以这种方式，过程框架成为引导者在特定情形下提问的指南。再比如，当你想鼓励人们做批判性思考（见图1.2）时，就可以使用第六章中的过程框架指导自己设计和提出问题。

让提问更有效

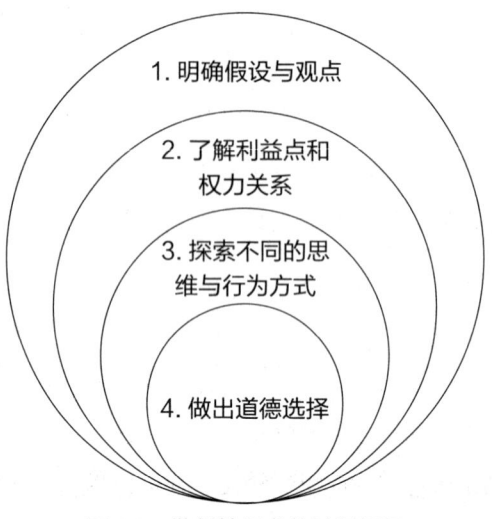

图 1.2　批判性思考的过程框架

> 学习并用好过程框架，没有框架就不做引导。

如果你发现人们需要多一点时间才能澄清彼此的假设与观点时，你就可以多花 20—30 分钟，用现场想到的问题帮大家做进一步的澄清。

过程框架需要且能够促进引导者采取参与者—观察者的视角。此时，引导者要扮演双重角色，既要关注内容又要关注过程，既要留意所提的问题是如何发挥作用的，又要决定接下来该问什么（参见第二章）。

正如成为熟练的荒野导航员需要大量的实践一样，在团队中成为熟练的参与者—观察者同样需要大量的引导实践。这包括使用过程框架带领会议，跟踪团队的进程，留意团队的发展阶段，以及为了实现目标而在恰当的时机采取干预措施等等。

> 回答显聪明，提问见智慧。
>
> ——纳吉布·马福兹，1988 年

刻意提问

有效的问题是目的明确的,它能帮助团队到达想要去往的地方。这些问题是被刻意设计出来用以实现某个过程目的或目标的,它们往往符合某个能够帮助参与者实现预期结果的过程框架。

若想在特定场景和过程中提出有效的问题,引导者需要明白:

- 过程的目的和目标
- 提问的背景以及需要引导来解决的问题或挑战
- 涉及到的参与人员
- 解决问题或挑战所需要的过程框架
- 引导者自己

刻意提问是建立在明确的意图和充分的准备之上的。这包括花时间了解客户、组织、背景情况和参与者;还包括调查背景文件,与相关人员访谈,归纳核心议题和研究最新的出版刊物等。正如第二章要讲的那样,最后一项挑战是引导者要了解自己,也就是引导者如何理解和实践引导的核心价值观。

▷ 构建问题

构建问题的方法有很多。例如,**布卢姆分类法**中谈到了六类问题:知识、理解、应用、分析、综合与评价(布卢姆,1956 年)。在**焦点讨论法**中有四层问题:客观性、反映性、诠释性和决定性(斯坦菲尔德,2000 年)。**批判性思考社区**提出过三类问题:有正确答案的问题,有更好或更差答案的问题以及有与人类偏好一样多答案的问题(保罗和埃尔德,1996 年)。

让提问更有效

还有很多其他对问题分类的方法，比如：假设性的问题、低阶—高阶的问题、事实性和抽象的问题、收敛和发散的问题、聚焦和概念性的问题、哲学性的问题、二分的问题、分析性的问题、战略性的问题以及操作性的问题等等。

面对不同情形，引导者不能只提一种类型的问题，而是要根据达成团队目标的过程框架提问。一旦确定了过程框架，你就可以根据过程框架的要点、引导者的意图、会议的目的、预期的结果以及你想花的时长来构建问题了。

假如你要为一个共事一年之久的六人团队主持一场半天的研讨会，帮助他们启动一个新项目，那就可以参考第四章中的过程框架来构建问题。这里给两个可供参考的提问："作为团队的一员，你从中学到了什么？""你想从这个新项目中学到什么？"

> 人类正处在一个"搜索文化"的时代。以谷歌为代表的搜索引擎正在带领人类进入一个充满正确答案，但有些天真和带有确定感的未来。未来，也许我们能回答任何一个问题，但我们足够智慧到提出这个问题吗？
>
> ——布罗克曼，2005 年

▶ 有计划地提问

无论是带领团队的内部会议、全国性的研讨会、地区性的智库会还是全球性论坛，提前准备好问题都是引导者设计方案时的重要工作；当然，引导者也要根据现场的实际情况提问，以做出恰当的回应。

考虑到实际过程可能会发生变化，引导者有时要根据对现场情况的评估，对事先准备好的问题做调整、删除或换个时机提问。通常不推荐在现场改动正式会议议程中的问题。

过程框架能够帮助引导者在事前和过程中就何时使用什么问题做出有计划和有意识的决定。当你发现某个问题效果不是特别好时，可以参考过程框架构建更恰当的备选方案。

▷ 封闭式问题和开放式问题

引导者经常使用两类问题：封闭式问题和开放式问题。每类问题的答案类型不同，且它们各有优缺点。

封闭式问题

封闭式问题只需要人们简单、具体地回答（是或否、对或错、多或少），往往某个答案比另外的答案显得更好一些。封闭式问题能引发明确和量化的回答。例如，"这个团队有多少人""最初是在何时起草了这项政策""如果需要帮助，你会给谁打电话""为了确保有效与高效，该委员会要设置多少人"。

引导者还可以使用封闭式问题从参与者那里收集具体信息，或用作问题分析与解决、激发行动的一部分："如果决定这样做，从合法性的角度看，你们第一步要做什么？"

当要针对某种情况做出详细反馈（"谁会支持此项政策？"），或想让参与者写出来（如使命宣言或价值观清单）时，封闭式问题会很有帮助。当团队成员在诸如战略规划中对关键策略清单排优先顺序时，封闭式问题也会很有用。

封闭式问题也有缺点（高兹道等人，1984年）。如果想鼓励团队成员敞开心扉，或让他们给出详细的回答，封闭式问题就不足以达到效果。由于封闭式问题只能带来简短的事实类答复，所以使用封闭式问题可能会阻碍人们坦诚地沟通，从而导致谈话中断。

让提问更有效

引导者常常想激励参与者提问，提出有关他们自己或彼此间的问题。提出过多封闭式问题会限制参与者反思，影响团队成员合作及制定解决方案。

封闭式问题还会造成参与者对引导者的过度依赖，因为这类引导性问题会导致参与者只去寻找那些假定正确的答案。此时，团队成员会对引导者有更多期待，从而减少对自我的期待。这还可能导致引导者放弃对回答的内容保持中立的立场（见第二章中有关正直价值观的部分），从而转变为问题的解决者或内容专家。

同样，引导者也可能采用让团队去"发现"预设答案的方式提问。这种苏格拉底式的提问，虽然适用于某些学习场合，但对内容中立的引导者来说并不适合。

情况并不总是非黑即白。由于引导者往往具备某些特定领域的经验，有时也要在和参与者同样熟悉的领域中提供引导服务。此时，重点是要以鼓励参与者自行思考和决定的方式提问及输入内容。依赖性会阻碍团队走向成熟，因为成员对自己解决问题的能力缺乏信心。

开放式问题

开放式问题不能简单作答。回答开放式问题前需要仔细思考，选择和找到恰当的答案。举两个例子："今年是什么因素促成了你的成功""你认为当前的重组会把公司带往何处"。

当试图激发人们参与讨论和鼓励人们做批判性思考（"去年你采取过哪些措施？""这些措施的效果如何？"）或希望团队通过讨论来达成共识（"当前支持因素和障碍因素分别有哪些？""这些支持因素和障碍因素分别会对生产带来哪些影响？"）时，开放式提问会非常有效。

开放式问题能邀请被提问者探索与某个主题相关的想法、感受和观点：

- 当你找不到老板时有什么感觉？
- 你认为如何让员工承担更多责任并达成目标？
- 你认为我们要怎样解决这个问题？

- 如果……你会怎么做？

当你认为团队过早地做了决定，而且还需要探索更多维度时（"我想知道做这个决定是否有点为时过早。报告中还有哪些值得大家考虑的问题？"），就可以提出开放式问题。相反地，在决策过程即将结束时，如果人们达成了未经言明的某种默契时，提出开放式问题可能会导致参与者不必要地重新审视这一心照不宣的共识。此时，可以先检验你对团队所达成共识的推断，如果对，就继续往前推进。

开放式问题也有不足。比如，当用来回答的时间有限，提出开放式问题更会耽误时间，从而让急于讨论实质性内容的参与者感到焦虑。另外，在结束会议前五分钟提出某个鼓励人们讨论的开放式问题，也会让大家深感不安。此时，让人们放弃既定议程，参加需要头脑激荡的讨论是一件十分令人沮丧的事情。

刻意提问的技巧

以下是帮助引导者创建和提出问题的八项指导原则，引导者可以用它们更好地协助团队：

1. 设定情境
2. 提邀请式问题
3. 澄清假设
4. 提问时要保持敏感
5. 留意对话的风险与人们的忧虑
6. 保持参与者—观察者的立场
7. 慎问"为什么"
8. 有疑问，就检查

 让提问更有效

▶ 设定情境

没有最好的引导方式，也没有适用于所有（或者大多数）场景的标准模型。每个团队都是独特的，需要用定制化方案解决其特定的问题或挑战。这种独特性为引导者的工作带来既有趣又复杂的动态变化。

情境是交织在一起构成团队经历的情形和环境。情境包括多种因素，如：过程的目的与目标，参与者的文化水平，可用于采取行动的资源，以及发起方（人）的特点、可用的时间和人们对时间的承诺。情境还包括团队的历史、团队成员过往的工作方式、成员间的人际动态关系、个人动机、个性特点、学习风格、肢体语言、决策偏好、权力基础、政治倾向、文化传统、学术背景和家族史等。情境还涉及参与者的工作与生活经历，以及引导者自身的风格、所选的引导方法、个人背景、肢体语言和经验等等。如此这般构成一个复杂的情境组合！

对某种情境有效的问题可能对另一种情境就毫无效果。你可以很好地询问一群高级经理关于在其行业发挥影响力所需要的领导技能，但对于缺乏领导经验的一线管理者来说，这样的提问可能就毫无意义。与一群工作压力大、时间紧、专注于任务与效率的律师们相比，来自娱乐业的管理者们更有可能认真地回答与"乐趣"主题相关的问题。

注意问题措辞上的细微差别。用词上的细小或微妙变化会给问题带来改变，使其准确传递出支持团队取得结果所需的内容。通过改变一个词（例如用"什么"或"如何"替换"为什么"）能完全改变问题的语气。

你可以参考以下清单思考提问时措辞的微妙之处：

- 这个团队的背景是怎样的？
- 会议过程的目标或预期的结果是什么？它们是如何与组织的使命、价值观和战略相匹配的？
- 团队的独特之处是什么（经历、文化的多样性或性别构成）？

追问：如何在我的提问中体现团队的独特性？（请参见第三章有关**追问**的内容。）

- 从团队成员的经验和专业背景看，他们最想讨论什么？最不想讨论什么？

  提示：一定要与团队成员共同检验（有关舒适度水平）这类推断。

- 这个问题与团队共事的时长和团队的发展阶段相匹配吗？

> 问题就像口袋中叮当作响的硬币一样自有其价值，我们永远无法确定这些钱能陪我们走多远。有的可用来购买当下所需，有的适合做长期投资，还有少部分要埋起来，等到下雨时才能挖出来。
>
> ——莫克莱尔，2002 年

▷ 提邀请式问题

并不是所有问题都在邀请人们回答。有些问题因为使用了不恰当的幽默、讽刺或居高临下的姿态从而阻止了人们回答。使用"你不同意吗？"或"你没有经历过吗？"结尾的提问可能会传递出太多权威感，以至于让那些胆小的人除了给一个"积极"的回应之外别无选择。同样，以"你的意思是你没听说过……？"开头的提问也无法引发人们说出自己的真实想法。

提不好问题是要付出代价的。如果参与者对你的问题感到无所适从，他们就会疏远你或对话题漠不关心，从而失去对会议过程的拥有感。以下是关于如何通过提出邀请式问题来鼓励参与者回答的几点建议。

让提问更有效

- 确保你的提问与总体目的和具体目标**相关**并具**有挑战性**（能激发人们思考）且**真诚**（没有阴谋诡计或欺骗）。

- 别提诱导性问题。问题的答案不应该隐藏在提问之中，而应该来源于参与者。

- 如果你已经知道答案，请不要再提问，直接给答案。引导不是教学。好的讨论能为人们提供探索思考的机会。成年人在参加团队讨论或决策时通常不愿意接受事实性测验。有时，如果我发现参与者对某个问题感到犹豫，我就会告诉他们，**"我提问不是向你们要所谓'正确'或预设好的答案。我想知道你们的想法，这不是测验而是讨论"**。

- 避免"居高临下"式的提问。有时候，引导者需要先定义或解释清楚问题中的某个词。如果做得不妥当，有可能会被人视作一种"居高临下"的姿态。比如这个问题："你怎么看待自己的所得税？就是每年挣了钱之后，必须向政府缴纳的那部分钱。"你可以改一下顺序和做一点解释，就不会让人感到你有"居高临下"的心态了："你如何看待每年挣了钱之后要向政府缴纳的那部分钱，也就是所得税。"（佩恩，1951年）先做出解释更富有对话性，能让提问者避免犯"居高临下"的错误。

- 慎用你的措词。使用每个人都能理解的词，避免使用专业术语、缩略语和多义词（比如："任何"可以表示"每一个""一些"或"只有一个"；而"看"也有"观察""看医生"或"见律师"的意思。）。（佩恩、苏德曼和布拉德伯恩，1982年）

- 清晰的问题能邀请人们作答，意思含混不清的问题只能引发人们的焦虑。如果你问"你用过同声传译吗"，参与者可能无法回答。因为他们不清楚你说的是耳语翻译，还是那种用桌麦与多语种接收器做的现场翻译，或者干脆指的就是使用同声传译这类技术设备。如果你问"你用过那种在桌上放有单独接收器和麦克风的同声传译吗"，参与者便能清楚理解你的意思。提问时，先让人们听到对术语的解释，然后再说出这个词，能更好地帮助人们自信地回答提问。

- 提问前多花一点时间推敲一下问题。多次重述提问会让人感到困惑，这会妨碍人们回答。

- 保持问题简单。这并不意味着问题很容易或简单化。"设想三年后，我们的产品问题得到了解决，人们在愉快地工作、客户对我们感到满意，我们的市场份额开始上升。我们首先要做什么才能将这些变成现实？"这个问题没有焦点，显得比较冗长和令人困惑。相反，从单一焦点或明确的部分问起："想象三年后的今天，我们的产品问题得到了解决。你认为哪些情况会与现在有所不同？"如果团队人数较多，把复杂问题拆成几个小问题，再把大家分成对应数量的小组，让每个小组回答一个具体的小问题。

- 没人喜欢被别人看成愚蠢或无知的。避免问那些让人们在团队面前丢面子的问题。提出挑战性问题前，为减少给回答者带来的威胁，可以用类似的开场："有没有人遇到过……""你曾经遇到过……""谁记得……"或"谁有……的经历"。

- 并非所有提问都需要公开回答。有时，一天活动结束前提一个"想一下"的问题只是为了鼓励人们做批判性思考，而不是让人们直接分享答案。你可以抛一个问题来启动一次重要的讨论，促使人们用午餐时在三或四人小组里聊一聊："请根据自己的情况决定，午餐时是否要花点时间考虑一下，你想为这个计划投入多少精力？这有助于我们下午对这个问题的讨论。"这样的问题旨在鼓励人们互动和共享观点，无须在集体环节做出回应。

- 提问时留意团队的肢体语言、情绪并给予回应。你可以就观察到的情况做说明或反馈。假如人们的肢体语言表明某个问题不恰当，你可以问大家："看起来刚才的问题有点不对劲。大家能告诉我哪出问题了吗？"

▷ 澄清假设

多数问题背后都有假设，影响着问题本身的含义，以及带给他人的影响和问题自身的有效性。

"未来六个月，我们要如何改善销售业绩？"这个问题可能包含了多种假设："我们"有能力且愿意改善；销售记录需要被改善；六个月内可以发生大改变；销售记录没达到目标。如果提问之前检验一下自己的假设，就可以节省大量讨论无效措施的时间。

在采用看起来不恰当的关键问题之前，咨询一下与结果有利害关系的人，听听他们对问题的反馈并澄清可能的假设。探询假设能传递出这样一种信号："为了找出和理解每个人可能的假设，我们要仔细倾听彼此，因为误解会给所有人带来糟糕的结果。"

引导者需要检查自己和他人所提问题背后的假设：

- 我感觉在你的问题背后有一个关于……的假设，是这样吗？
- 你认为这个假设对竞争对手来说成立吗？
- 这个问题是独立的，还是需要我们先问清其他问题？
- 这种假设已经存在多长时间了？
- 有多少人认同这个假设？
- 我是这么想的……听起来你好像有不同的假设，是这样吗？
- 从现在起六个月后，这一假设还成立吗？
- 我们解决这个问题的方法取决于这样一个假设……这对每个人都合适吗？
- 对我来说，你的问题听起来更像是在陈述观点。你是在假设……？
- 这是我的假设……你也这么认为吗？
- 这是基于什么样的假设？
- ……（持有其他观点的人或团体）会有不同的假设吗？

检查假设的一个额外好处就是，你可能会发现最初的问题实际上只是几个较小的问题，它们只是下一步讨论（关于需要采取什么行动）的内容之一。因此，仔细澄清问题背后的假设有助于更好地理解整个过程。

▷ 提问时要保持敏感

由于问题可能引发强烈的情绪反应，所以对于如何提问以及何时提问（语气、音量、时机、语速、面部表情、身体姿势、眼神交流）保持敏感是非常重要的。设想有一条情感数轴，左端表示温柔或亲切的，右端代表生硬或敌对的。你的问题可能会落在情感数轴的任何位置上。仅仅是"你怎么看？"这个问题就可能传递出多种意思，这完全取决于提问者的语调、语气和行为举止（克里斯滕森、加文和斯威特，1991年）。

以下是一些有利于引导者在提问时保持敏感的建议：

- 提问时留意自己的肢体语言。你的身体姿势、眼神交流和语调是否有吸引力和富有支持性？或者（1）你是否比那些略感担忧的参与者显得更高大？（2）当你觉得某个问题可能会被拒绝时，你是否会将双臂叉于胸前？（3）你是否会在背对着团队写记录时继续提问？（4）在向整个团队提问时，你主要与谁进行目光交流？（5）你提问的语气听起来是命令式的还是询问式的？
- 使用连词或过渡句提出敏感性问题。例如"在座的每个人都有拨打推销电话时被拒绝的经历。想想上一次发生在你身上的事情，当你意识到自己要被拒绝时，你的第一反应是什么？"
- 得到团队允许后再提出特别敏感的问题："我能问一下你是怎么决定这样做的吗"或者"我可以问你几个有关办公室情况的问题吗"。
- 当问题太过唐突时，可能会令参与者感到惊讶以至于无法回答。并不是每个人都能冷静地说出"我觉得这个问题很唐突，我不想回答"。通过与客户或策划委员会沟通与审视这些问题，你就知道哪类问题对团队可能有些唐突了。

- 用自我袒露的方式表达敏感性。例如"我过去两年从担任董事会主席中获得的一个收获就是，坚持做决策而不参与运营是非常重要的。你认为这个议程属于决策还是运营"。
- 慎重地使用幽默。通常，当你的幽默让别人感觉自己被嘲笑了，那就不是得体的幽默。面对敏感话题和诸如种族主义、性别歧视等"主义"类政治正确的主题或领域时要特别小心。

▷ 留意对话的风险与人们的忧虑

问题会因其在具体情境下的风险和给人们带来的忧虑而异。有时需要提出低风险、轻松和不至于让人们感到紧张的问题。而在诸如团队探索困难问题时，要提出一些高风险与高忧虑的问题。

通常情况下，当团队成员觉得问题难以应对、答案涉及复杂的利益关系，或他们不确定正确答案、回答可能导致潜在的对抗，或自我暴露使他们感到不安时，引导者提出的问题带来的风险和忧虑就会增加。

以下建议可供引导者留意自己所提问题的风险与带给人们的忧虑：

- 正常看待困难的问题和人们的回答。例如当区域经理与未能达到业绩目标的客户经理们做计划时，提出"是什么阻碍了你没能达成季度目标"这个问题就可能存在风险，特别是当区域经理自己也参与讨论时。将客户经理们面临的挑战正常化，有助于降低他们回答问题时的风险。例如，作为同时担任引导者的区域经理，你可以说："大家都感受到了这个季度以来公司政策变化给客户带来的影响，事实上我们并没有放弃，这是一件好事。分享一下自己对这件事的看法，可以帮助我们了解正在经历的事情，以及在类似情况下，我们该如何采取行动。所以，我邀请大家开诚布公地谈一谈：是什么阻碍了我们没能在这个季度达成目标？我先从自己可以做得更好的地方开始。"理解并关注过程的情境有助于识别问题的风险等级。在这个例子中，情境表明这个问题最好由同为参与者的区域经理提出来。

> 在引导社会变革项目时，提出策略性问题以向潜在的受影响者收集想法和可能的解决方案。为合作创造中立与共同的基础，尊重他人的经验与价值，倾听人们的烦恼。问那些"不能问"的问题，创建选项，深入探讨并赋予相应的权力。
>
> ——百威，1994 年

- 提问前与团队成员明确好哪些需要保密（见第二章中有关澄清保密性的部分），以及需要告知谁哪些内容已经讨论过或做出的决定。
- 先从挑战性低或几乎无须人们自我袒露的低风险问题开始，然后再提出高风险的问题。同样，从让人们很容易就能回答的问题开始（比如描述某次事件或针对背景材料分享个人的观点），这能让人们在回答涉及个人对争议性话题看法的挑战性问题之前就能获得一些成就感。
- 帮助参与者为回答"大问题"做好准备。这些大问题有时也被称为战略性的、大胆的、重大的、伟大的、有意义的问题。这些大问题通常聚焦于引导某种形式的重大改变（或变革）：如个人的、团队的、组织的、社会的、生态的、政治的或政府的。因此，这些大问题通常会带来较高的风险与忧虑。
- 回答之前给参与者几分钟回顾手头的相关材料："看一下会前材料，记录下你脑海中出现过的所有措施。"然后，让人们找一位同伴分享

让提问更有效

自己的想法，列一份有 3~4 个优先项的清单。这两步任务能够帮助人们找到问题的答案。

> 2005 年，Edge 向"第三文化科学家和具有科学头脑的思想家群体"提出了一个问题，引发大家给出了许多令人深受启发的回答："伟大的头脑能在获得证据前就猜到真相，什么是你无法证明但又信以为真的？"
>
> ——布罗克曼，2005 年

- 适当给人们匿名回答问题的机会（如通过卡片分类、多重投票、封好的信封、访谈或网络调查等）。无论是提出还是回答大问题都需要一定的勇气、决心和对风险的高度适应。这些问题还必须由非常了解自己、团队和问题情境的引导者提出来才奏效。

对于重要的问题，常规的原则是别出意外。如果你知道有一个棘手的问题，那就给人们一点时间做准备，让团队想一下他们要说什么。以下是一些让参与者准备回答重要问题时的建议。

- 在会前资料中提前告知这些问题。例如："会上第一个环节，我们将邀请大家回答三个问题。请准备好你关于以下问题的简要答案。（1）考虑未来两年的员工援助计划，你认为我们最大的挑战或问题是什么？（2）当前我们正在做的哪些事情对于解决未来的人力资源挑战没有帮助？（3）当前我们正在做的哪些事情能为解决未来的人力资源挑战带来帮助？"
- 设计介绍大问题的方式以便人们回答前有时间思考。比如在下面这个为期一天的规划会中的例子。上午茶歇前我说过，"茶歇后我们将听取马丁博士做报告。他会在午餐前讲一个小时，下午我们会安排一个问答环节。听报告时,请记下那些如何少花钱多办事的好点子,这是我们下午要讨论的问题"。午餐前再次提醒大家关注刚才的问题:"正如前面提到的那样,我们将在午餐后讨论如何少花钱多办事的问题。用餐时,你可以暂时不去考虑它,也可以在享用美味时找个人聊一聊"。

▷ 保持参与者—观察者的立场

保持参与者—观察者立场的引导者,需要同时关注团队成员做什么(内容)和那些支持团队发展及成果实现的过程(过程框架),并在必要时进行干预。这种同时关注内容与过程的双重角色,要求引导者既要留意提问如何在过程框架下发挥作用,又要做出与后续探询有关的决策。

- 让有关问题的所有观点都被听到。进行干预,以确保所有参与者都有机会在回答问题时分享自己的想法和顾虑("是否还有没被听到的观点?""谁还对此问题有不同的看法?")。
  提示:总结到目前为止你听到的观点,然后再询问更多的想法。
- 始终记住你的过程框架,这能帮助你时刻了解自己所处的位置、你经历过的阶段,以及接下来的步骤。
- 对的问题能够帮助人们谈论重要的事情,从而为解决问题创建起拥有感和动力。留意人们谈论想法的时长以及谁在讲话:人们交流想法的时间越长,就越有可能主动地迎接挑战。在工作坊中建立的参与感和拥有感,对于会后长期的知识迁移(即缩小理论与实践之间的差距)和行动非常有益。
- 我们应该充分发挥积极参与争权活动的潜力(斯特拉坎和汤姆林森等人,1986 年)。尽管"争权活动"一词常常让人联想到沮丧、操纵和自私，但"积极参与争权活动"是指所有人为获得对自身想法的支持而参与到各种活动中，包括说服性的讨论、争取人们的支持、建立联盟等。争权活动过程是研讨会和组织生活中正常且可预测的一部分，如果以积极的方式开展，可以显著促进过程的活力，帮助人们澄清自己的想法，参与建设性讨论，以及帮助他们决定组织发展的方向。以下是用好积极参与争权活动的提问示例：

1）谁觉得自己的例子还没有得到全面阐述？

2）在这次讨论中，有谁还知道一些别人可能不知道的重要信息？

3）要确保既不夸大也不低估问题的挑战性，继续讨论之前，你认为我们找到平衡点了吗？

4）听起来大家对这个观点很感兴趣。谁愿意在午餐时进一步讨论这个问题？

5）前面已经说过，我们希望采取包容性的方案来应对挑战。你认为有哪些应该参与但还没参与进来的重要利益相关人？

▷ 慎问"为什么"

尽管"为什么"能有效用于开放式问题，但它可能会给人一种咄咄逼人的被审问的感觉（"你为什么不尝试一下我们建议的方法？"）。其推论就是回答者做错了或是失败了。

为了避免引起防御反应，你可以用"如何""什么"或"何时"替换"为什么"（例如"是什么让你决定在这件事上采取不同的策略？"）。

当人们情绪高涨时不要问为什么（汤姆林森和斯特拉坎，1996年）。如果人们在情绪高涨时被问到"为什么"，他们通常会感觉自己受到了指责，这往往会引起人们的防御。当情绪激动时，人们往往很难说明白为什么做某事，或是为某种行为做辩护。他们可能会解释某件事是如何发生的，或者他们做过什么。如果感觉自己被逼到了墙角，他们可能会出于恐惧只能说出当时最先想到的内容，或是编造理由来合理化自己的观点。

- 询问为什么也可能让参与者感到被置于引导者的权威之下，从而影响他的回答。在某些困难的情况下，要求做解释（"那是怎么发生的？"或"你对此有什么看法？"）的引导者比要求说明原因的引导者更可能得到准确和真实的回答。当人们情绪激动时，如果你不用"为什么"，就可以避免吓到参与者，并让他们给出更深思熟虑的答案。
- 五个为什么。这是一种能有效挖掘问题根本原因的提问方法。通过连续问五个以"为什么"开头的问题来实现，当然每一个问题都需要在前面答案的基础上来构建。

当引导者能够巧妙地使用这一方法且不带责备地解决问题时，这个方法的效果会很好。然而，在某些令人紧张的情况下，这些问题的答案可能会因为涉及潜在的法律责任、让人感到丢面子、担心别人指责自己不称职，或因此丢掉工作而导致回答无效，这样的流程将是灾难性的，必须谨慎对待。

▷ 有疑问，就检查

如果你不确定是否想出了恰当的问题来支持某个过程，那就咨询一下其他人，搞清楚这些问题对他们是否有意义。相信自己对某个问题的不安感，这通常源自你的过往经验。

如果你不确定某个问题是否恰当，可以通过以下问题向他人求助。像使用书中的其他问题（清单）一样，选择那些最符合你实际情况的问题，因为并非每一个问题都适合你的情况。

- 关于这个问题，有不清楚的地方吗？如果有，我们可以怎样澄清？
- 这个问题会被其他利益相关方误解吗？如果会的话，我们要如何澄

让提问更有效

清这一点？
- 要回答清楚这个问题，是否得先回答清楚其他问题？如果是的话，这个问题应该放在哪？
- 这个问题符合提出它的大背景（涉及相互关联的因素或系统反应）吗？
- 这个问题是否有明确且直接指向目标或结果的焦点主题？
- 这个问题是否有足够的张力以吸引人们深入思考？
- 问题是否有助于参与者理解所讨论的领域？
- 问题是否能指导参与者找到答案？（如果是，请删除所有不必要的信息并客观地提出问题。）
- 这个问题是否与我们讨论的主题的独特性息息相关？
- 这个问题能否引发关于预期结果的突破性讨论？
- 对这个问题的回答能否对我们的目标产生影响？
- 人们在回答这个问题时会有多大困难？
- 在这个团队，人们可能以什么方式回答这个问题？（变形：将"回答"替换为"解释"。）
- 参与者在回答这个问题时会坦然地说"我不知道"吗？
- 这个问题适合你的团队吗？
- 问题足够简单吗？

    提示：简单并不意味着容易或简单化。

- 关于这个问题，什么会打乱我们的议程？
- 这个问题是有好几问吗？如果是，请将每一问改成单独的问题。
- 我们团队中的某些成员（如……）对这个问题的解释可能与其他人不同吗？
- 这个问题的假设是什么？

    追问：符合我们团队的实际情况吗？

- 我们为什么要问这个问题？
- 这个问题会促进人们自主地解决正在讨论的问题吗？

温馨提示

提问是一项需要时间和经验方可习得的技能。在积累经验的过程中，我们可能养成某些习惯，但并非所有习惯都是有益的。下表是一些引导者在提问时应该注意的事项（亨塞克、亚历山德拉，1980 年；斯特拉坎，1988 年）。

不问……	而是问……	因为……
你明白这个问题吗？你是否理解这项任务？谁还不明白这一点？	我说清楚了吗？	说明问题或任务的责任在引导者而非参与者。
谁负责提供白板纸？	我们能从哪里得到更多白板纸？	重点是解决问题而非追究责任。
你为什么感到如此不安？	情况是怎样发展到这一步的？	提问意在邀请回答而非让人丧失勇气。
为了确保成功，你会做何选择？	我们来"头脑风暴"一下解决这个问题的方法吧。记得要有创造性，头脑风暴的一个原则就是没有错误的答案。	不要让人们对回答问题产生防御；人们并不认为自己必须给出所有的正确答案。
你不觉得我们快做完了吗？	你认为我们进行到哪个阶段了？	不是让别人和你意见一致。"你不觉得吗？"所隐含的权威感意味着任何分歧都是错误的。这不是激发人们自由探讨的信号（克里斯滕森、加文和斯威特，1991 年）。
你为什么停下来而不是把它做完？	你停下来时发生了什么？	回答者在提出理由时不会感到压力；相反能简要描述正在发生的事情。
有哪些支持你观点的数据？	请多说一点，有人研究过这个吗？	你没有将回答者置于防卫和弱势状态。

让提问更有效

续表

不问……	而是问……	因为……
你和新任主管的关系还是那么糟糕吗？	你和新任主管相处得怎么样？	你避免了让人们做出消极回应的假定，而是提供了建设性回应的机会。
让我做"魔鬼代言人"吧。我们怎样避免采取这种解决问题的方法？	你还能想到哪些其他解决问题的方法？关于……的观点呢？还有哪些选择？	相反观点不会被认为是负面的（比如"魔鬼代言人"）；小组成员不会忘记谁相信什么和说过什么。
为什么你们团队在那个项目上得到的评价那么糟糕？	影响项目结果的关键因素有哪些？	你是在邀请真诚的反思，而不是防御性地应付差事。
为了便于讨论，请先解释一下"战略"这个词。	在这次讨论中，你会怎样使用"战略"一词？	用假定正确的答案回答不会让人感到有压力；让人们描述而不是下定义更有利于扩展其视野。
你同意还是不同意？	你觉得这听起来像什么？这是个明智的做法？这事对你有多重要？你会在自己部门使用这个方法吗？	你避免了让人们做出非此即彼的回答，从而有机会了解到他们的立场。
你认为会上有说客会影响共识的达成吗？	谁有为说客提供引导服务的经验？决策过程是怎样的？（追问：他们参与进来会影响决策吗？）	你鼓励各种想法，避免了提那些让参与者给出你所期待的答案的问题。
在可预见的未来，这种情况会发生怎样的变化？	鉴于现有的人力资源条件，这种状况在未来六个月内会发生怎样的变化？	在提到某种情况或时间时，你说得很具体。
我们团队现在面临的最大冲突是什么？	有效团队的特征之一就是冲突。今天我们要讨论的是如何有效处理冲突以及我们面临的挑战。所以，让我们开始吧。在你看来，我们团队在哪里存在冲突？	你在引入敏感问题时使用了过渡句。参与者能感受到你对他们坦诚的支持；你让人们正常看待自身经历（他们意识到自己的回答并不是罕见的）。

续表

不问……	而是问……	因为……
哪个目标是最重要的?	你希望会议结束前被回答的一个问题是什么?	重点显然是参与者的具体（学习）需求；承认参与者的问题很重要。
你不觉得她做得很好吗?	她的表现有达到你的期待吗?	你的提问避免了说服的标签。这种标签能把观点伪装成提问。

第 2 章

引导的核心价值观

价值观是人们深信不疑和用来指导行为的信念。引导的核心价值观是历经多年的刻意努力所形成的理想性陈述。

在我第一次做专业引导时,我知道尽可能地保持客观很重要,尊重参与者也是必不可少的。我还知道,在与团队合作时,我越是放松自己,就越能对整个过程和最终的产出有感觉。然而,直到我花时间与客户澄清价值观时,我才真正意识到,首先要澄清我自己的引导价值观。

曾经有几位引导者谈过核心价值观的重要性。克里斯·阿吉里斯（Chris Argyris）曾写过关于"有效信息、自由和知情的选择以及对选择的内在承诺"等价值观（阿吉里斯，1970年）。罗杰·施瓦茨（Roger Schwarz）、安妮·戴维森（Anne Davidson）等人在此基础上增加了第四项——同情心（施瓦茨、戴维森、卡尔森和麦金尼，2005年）。约翰·海荣（John Heron）谈到要尊重参与者的"自主性和完整性"（1993年）。还有人强调过团体决策过程中的其他核心价值观，如全然参与、相互理解、包容性解决方案和共享担责（肯纳等，1996年）。国际引导者协会倡导的核心价值观有包容性、全局范围、参与、庆祝、创新与社会责任（详情参见 IAF 官网，2006 年 3 月）。

在我们的实践中，有三项核心价值观决定了我们作为引导者的行为方式，特别是我们提问的方式：**正直、真实和相互尊重**。正直反映了引导者的职业诚信、公正与客观，这些都有助于尊重我们正在推进的过程。真实是真诚地对待自己和他人。相互尊重是指努力理解他人并尊重他人的权利与观点。

引导者的角色是要在与团队合作过程中示范并践行这些价值观。如下表 2.1 所示，这些是指导引导者践行这三项核心价值观的关键行为。

表 2.1　引导的核心价值观和关键行为

正直	真实	互相尊重
1. 保持客观 2. 澄清保密性 3. 对利益冲突保持敏感 4. 避免串通 5. 公平提问 6. 确定所有权 7. 保持权利和信息的平衡	1. 建立团体对成果的拥有感 2. 最小化对过程的自我欺骗 3. 明确意图 4. 承认问题的存在 5. 诚实对待自身能力 6. 专注当下：调息 7. 倾听客户的想法	1. 实现公平 2. 明确团体规范 3. 尊重对话中的间隔时间 4. 鼓励直接互动 5. 保持耐心：沉默是谁的？ 6. 尊重团体能量

从价值观到行动

有效提问既是一门科学，又是一门艺术。提问的科学性体现在对心理学、组织发展、社会学、团体过程以及引导等领域的技能的深入研究上。当引导者注重提问的情境，并依据价值观、经验及直觉共同指导自身提问时，其艺术性便显现出来。

引导者的终极目标是把理论和价值观转化为具体行动，并在实践中融合提问的科学与艺术。一旦做到这一点，你将对自己提问的艺术性与科学性感到满意，因为它们已经成为你的行为习惯。

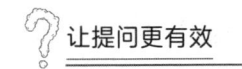

正直

正直涉及职业坦诚（避免不恰当的攻击）、保持客观性，以及避免利益冲突。在团队中与他人合作通常是复杂、令人困惑且充满挑战的。在引导复杂过程的同时保持职业操守并不是一件容易的事情。

在提出和回答问题时，引导者需要对自己的职业操守和实现目标的过程承担责任。表 2.2 列出了提问中有关正直的七个具体维度。

表 2.2 引导的核心价值观：正直

正直	真实	互相尊重
A. 保持客观 B. 澄清保密性 C. 对利益冲突保持敏感 D. 避免串通 E. 公平提问 F. 确定所有权 G. 保持权利和信息的平衡	A. 建立团体对成果的拥有感 B. 最小化对过程的自我欺骗 C. 明确意图 D. 承认问题的存在 E. 诚实对待自身能力 F. 专注当下：调息 G. 倾听客户的想法	A. 实现公平 B. 明确团体规范 C. 尊重对话中的间隔时间 D. 鼓励直接互动 E. 保持耐心：沉默是谁的？ F. 尊重团体能量

▶ **正直提问的指南**

以下是一些能够帮助引导者在提问时将正直价值观转化为行动的建议。

保持客观

对于引导者来说，保持客观性是正直的核心，也是与客户签订合约的基础。虽然在谈到引导者的角色时，**客观性**和**中立性**可以被区分开来，但在本书中，这两个术语可以相互替代，以此强调引导者在基于内容的决策中必须保持中立。一个保持客观或中立的引导者对团队讨论的内容持不偏不倚的态度，表现出的是公正无私和无偏见。尽管他可能对讨论的内容有个人的看法，但他不会让个人偏见影响团队的决策过程。

> 内容中立意味着在讨论问题时保持客观，不带有任何特定立场、偏见或利害关系。过程中立则意味着在讨论过程中对各种方法持公平态度，不特别偏向或倡导任何一种，如头脑风暴等。我们认为，引导者的价值体现在作为内容的中立者和过程的积极推动者。
>
> ——肯纳等人，1996 年

引导者工具箱中最强大的技能之一就是**保持参与者—观察者的立场**。该技能可以帮助引导者观察正在发生的事情，关注团体动态，跟踪内容的发展，并在与客户及团队坚定签约的基础上意识到自己的观点。这一技能在某些挑战性场合下，比如像澄清重要反馈或处理冲突时特别宝贵，因为这类情况需要引导者高度专注于处理过程中的问题。

确认会议主席和引导者的角色。作为外部人员，我有时被邀请与客户的主席共同主持会议。出现这种情况有很多原因。例如非营利组织希望在会上向主席提供简报，或者委员会主席在某个领域拥有特殊的专业知识，或者客户接受过引导训练，或者是客户有些专业知识希望在会上派上用场。

与那些对会议结果感兴趣的人合作引导时可能会带来利益冲突，从而危及引导者的正直性。从合理性角度来看，利益相关人可能有"合理的偏见或预期"。他们关于**什么**、**何时**、**为什么**及**如何**的问题会对决策的内容、时间、原因和方式产生重大影响。

因此，澄清和确认你作为引导者与会议主席的角色至关重要。我通常会让主席先介绍会议，简要说明背景和目的，并解释为何邀请外部引导者。然后，主席正式将会议带领权交给我，这样就能避免混淆应该由谁管理会议的过程。此时，有两件事情会发生：主席作为普通参与者加入会议，而我则明确告知大家，作为引导者，我将对会议内容保持中立，但我会确保健康与高效的会议过程。

让提问更有效

澄清保密性

保密是引导正直性的一个重要体现。明确哪些内容的保密性是可以协商的，哪些是不能协商的。合同中规定保密原则与不可对外披露的条款，是对关注敏感信息的客户常见的保护措施，其内容可能涉及工作安全、保护个人隐私、商业间谍活动或保密政策等。

团体过程中的保密规范因客户而异，需要根据团体过程的目的和目标确定。保密性可以通过参与者在会上针对诸如"能用个人的例子吗？"和"哪些话题能放在桌面上谈，哪些不能？"这类问题所做出的回答，或是人们在会后说过的某些话（"会上讨论或发生过的哪些事情需要被传达下去？""哪些可以公开，哪些不能公开？"）来体现。

以下是在团体中发起依照保密性原则进行讨论的问题示例：

- 在讨论这个计划时，有需要保密或不可协商的部分吗？
- 我看邀请名单上有三位媒体代表。会上计划请三位嘉宾介绍自己的精神病史。如果他们知道有媒体代表出席，他们会坦诚分享自己的经历吗？（或者：考虑到精神疾病可能给人带来的消极影响，有谁问过他们这样的安排是否妥当？）
- 论坛将邀请工会和私营企业主讨论一些长期存有争议的话题。是否有涉及保密性的问题需要讨论，例如哪些能摆到桌面上谈，哪些不能？
- 本次旨在加强国家安全的公共论坛要尽可能地开放。能否提前确定一下不便公开讨论的议题？

  追问：这对我们提出的问题会有什么影响？

会上的保密原则要明确具体，如下面的例子所示：

- 坦率且直接提问。我们需要开放和深思熟虑的批判性思考才能确保过程的有效性。报告中的内容不能标明发言者的名字。
- 请对反馈保持开放的心态和关注。报告只会披露关键决策，而不是做决策时讨论过的具体内容,后者将对团队成员保密。
- 这次会议是非正式的。我们不会做任何汇报,有关各方也不会与他人讨论会议的任何内容。
- 向他人提问时,避免涉及保密性的话题,如……

对利益冲突保持敏感

当引导者的个人利益、从属关系或义务干扰了其对团体的信任时,就会出现利益冲突。此时,引导者需要运用自身的专业判断来支持团体过程。所有现实或潜在的利益冲突都必须由引导者做出声明,并与合适的人讨论后才能确定该如何处理。

陷入利益冲突会危及引导者中立的正直性。以下是六个常见的潜在利益冲突的例子,在这些例子中,引导者提问的方式、时间和原因都可能影响到人们对引导者的信任。

花客户的钱为自己打广告。你是否遇到过这样的情况:在培训或会议中,引导者举的例子主要是介绍自己公司的业绩,而这些与会上讨论的主题并无直接关联?"他在做什么?",如果这个问题的答案是引导者在过度推销自己的咨询案例或出版作品,那就表明引导者及其带领的过程缺乏正直性。

引导者应确保其言论、讲述的故事与受益者紧密相关,以此预防潜在的利益冲突。

获取权力和影响力。引导者会因其专业技能被客户董事会视作重要资源。当被邀请加入某家客户的董事会并因此获得某种形式的利益时,请务必提醒自己,接受邀请是否将导致你:

- 受组织所控,你需要在引导过程中代言或倡导该组织的目标?
- 由于不恰当地接触组织内部信息,影响你在该领域提供引导的客观性?
- 获得了其他引导者无法获得的不公平竞争优势,即从公共服务中获取私人利益?

让提问更有效

个体和团体。如果客户正考虑聘用或给某位参与者升职，而让你对其进行观察并提供反馈，这将使你难以同时保持参与者对你中立性的期待。

如果你答应客户的要求就会带来利益冲突。你在为团队提供引导，又从工作价值的角度评估参与者。这可能导致你问一些关于团队成员工作能力的具体内容性问题，而非促进团队目标达成的过程性问题。

几年前，在一家由外地律师事务所开设的谈判课上，有一位带领者说："我们一直在找新的开课机会。你能帮我们问问附近的人，看看有机会合作吗？"

听到这个请求让我感到很尴尬。因为我是来学习的，并且想让自己的学费花得有所值，而不是替人招揽客户。虽然我公司的一些律师事务所客户也需要类似课程，看起来这个问题也不算太敏感，但是，在我还不确定课程价值前就被要求做推销，说明引导者处在了利益冲突中。他们在推销自己的咨询服务，没有把精力集中在我们的学习目标上。

多行业部门互动。潜在利益冲突常发生在公共部门、非政府组织和私营部门同时在引导过程中互动时。在这种情况下，引导者的职责是确保所提问题的正直性，以防出现利益冲突。例如，如果你在医学专家协会（非政府组织）的医师教育活动方案中看到药品广告（私营部门），你可以提出问题，如"……协会伦理委员对此会怎么看"。

问题的边界。作为引导者，有时你可能会被认为支持某个政党、特定的立场或是激烈辩论的某一方。重要的是要明确你的立场，以免客户误解你对他们的过程和结果存在看法。

有一次，一家对堕胎问题持坚定且众所周知的立场的全国性宗教组织找到我们，让我们为其提供战略规划引导。我们在会见客户的主席时说，虽然与他们合作很愉快，但我们并不认同他们对于堕胎的看法。主席回应说："请你们是因为看中你们作为过程顾问的经验，所以很乐意与你们合作。挑战在于你们需要探索自己的内心，看在与我们合作时，能否保持住作为过程顾问的正直性与客观性。如果你们能做到，这对我们没有利益冲突。我相信你们能尽力做到最好。"我们与那个组织合作了好几年，双方建立起一种既相互尊重又相互滋养的关系。

为了明确你的引导边界，你可以自问：我是否支持或反对任何有争议的问题、公共政策、政治观点或激烈辩论中的某一方？

解决受托责任。在为客户的董事会或理事会提供引导时，重要的一步是提前明确他们作为受托人的责任。董事会或理事会成员在组织的使命和目标上享有受他人信任的立场。这种信任体现在他们在会议、研讨会或其他场合中提出和回答问题的方式上，这是他们受托责任的核心。

当州或省代表被任命为国家委员会成员时，他们的受托责任需要以国家委员会的利益为先，而不是优先考虑所属州或省的利益。这就意味着，在回答有关国家组织使命宣言的问题时，其忠诚必须体现在对国家最有利的事情，而非对所属州或省附属机构的潜在影响上。引导者的作用是保护过程的正直性，并提醒委员会成员其所担负的国家受托责任。

尽管违反受托责任的法律诉讼日益增多，但许多董事会成员并未充分认识到这个问题，以及自己对待忠诚的看法将对与组织未来相关的问题和答案产生重大影响。当董事会或理事会成员发现自己难以协调国家/联邦与州/省/地区的利益冲突时，他们应该审视相关机构的治理结构，以判断是否需要做出调整。

避免串通

串通指的是引导者与参与者、客户或合作引导者之间所达成的不正当的公开或秘密的协议。串通与引导者的角色相违背，因为它要求引导者隐瞒有效信息，会阻碍某些团体成员自由与知情的选择，将部分成员或客户的利益置于团体利益之上（施瓦茨，1994年）。

当客户不希望团体知道某个问题出自其本人，且要求引导者代为提出这个问题时，这就构成了潜在的串通行为。团体成员提出类似的要求很常见："你能不能提醒大家考虑一下……？我不想让大家知道这是我说的。"

提出不真诚而旨在安抚团体的问题也属于串通。如果你知道客户将某个主题纳入议程仅仅是为了避免与团体成员发生冲突，而不是出于真正的行动意愿时，这便形成了与客户之间的串通，从而危及团体过程的正直性。

为了维护正直性，你可以自问："我是否曾经与客户或团体成员串通过或接近串通的边缘？我采取过何种行动？未来我是否还会做出同样的选择？"

公平提问

你有没有想过为什么人们在引导式会议中愿意回答问题？偶尔也会有人说，"我放弃回答这个问题"或"我现在不想回答这个问题"，但这并不常见。大多数情况下，人们之所以回答问题，仅仅是因为他们被问到了，好像引导者与参与者之间有一种默契，那就是回答问题是一种义务。因此，引导者在提问时有义务考虑到提问的公平性，确保问题公正、不偏袒、不夹带私利、不倾向于任何客户、没有预设立场或欺骗意图。

通常情况下，做到公平提问很容易。你知道什么是正确的，你明白自己想要问什么，以及为什么要这样问，情况清晰明了而且没有什么风险。然而，引导者很少只面对这种简单的情形。什么是公平的，往往既复杂又不明确，同时风险还可能非常高。

诱导性提问被认为是不道德的。如果客户或雇主希望得出特定结论，而团队却倾向于不同结果，那么你的提问方式就会影响到最终的结果。例如，你问"公司因为员工经常迟到损失了大量收入。你们认为该如何解决？"，与你问大家"本季度公司收入下降了7%，你们注意到了哪些可能导致业绩下滑的原因？"，这两种提问方式将营造出截然不同的讨论氛围。

阻止团体做出与客户期望不同的决策也是不道德的。有时，我会面临来自客户的巨大压力，他们希望会议得出特定的结果，尽管该结果并不能反映参与者的真实想法。正直行事意味着要预先询问客户，如果团队想要的结果与他期待的不同，他会如何应对。这样的问题能引发一场有关价值观及如何将价值观转化为行动的讨论。作为引导者，你需要在整个过程中，对基于引导的核心价值观公平地提问感到自信与舒适。

确定所有权

大多数引导活动最后会产出不同类型的报告，如问题与结论的摘要、针对与会者的调查报告、背景文件、会议记录、会议概述和咨询文件等。如果不提前确定好这些产出的所有权，可能会引发争议。这对学术界的人来说尤其重要，因为他们是靠发表文章来获得荣誉的，他们对于谁因何获得荣誉之类的诚信问题很在乎。

选择恰当的时机，尽早向相关人员提出以下问题：

- 委员会成员的工作记录方式是怎样的？
- 如果由外部咨询公司为本次会议提供引导和撰写报告，他们的名字是否会出现在报告的封面？（或者，鉴于顾问提供了服务，他们的名字能出现在封面吗？）
- 谁是第一作者？谁是第二作者？
- 如果由内部引导者负责撰写报告，所有权是归个人还是团队？
- 参与者对本次会议的贡献是否会在最后的报告中得到认可？
- 资助方能根据其所有权对报告提出建议吗？

保持权力与信息的平衡

在大多数团体中，参与者之间在权力与信息上存在着差异，这将对提问与回答的过程带来重要影响。引导者在这个过程中的权力和影响力，在看似微不足道但实际上与团队过程密切相关的决策中扮演着关键角色。如何提问、向谁提问、提问的频率、提问的时机以及提问的目的，所有这些都受引导者诚信的影响，因为引导者拥有能够影响过程与结果的权力、专业知识和信息。

作为引导者，我们的提问应该确保权力与信息（如机密简报或其他数

让提问更有效

据)之间的差异被公开地解决。为此，我们可以问自己以下问题：

1. 我是否经常向那些与自己观点相近而非不同的人提问？
2. 每位参与者都同样了解讨论的背景信息吗？
3. 我是如何决定向谁提问或邀请谁来回答问题的？
4. 我在做引导时，是否有向特定人群提问的固定模式？

几年前，我在一个由大学教师参与的会上遇到一场激烈的讨论。当时，一位与会者指出我不太愿意邀请那些好辩的教授们回答问题，他建议我应该公平地邀请每位参与者发言。自那次经历后的几年里，我通过反思当时的情况和自身行为的正直性学到了很多。想一下，你能回忆起自己在提问时存在的某种习惯性模式吗？

▷ 实践正直价值观

在引导过程中提问时，你是如何体现正直价值观的？想一想你在引导时的提问方式和采取的行动。表2.3展示了与正直价值观相关的七种行为。思考一下，在你的引导实践中，正直价值观在多大程度上被体现了出来？

表2.3 实践正直价值观

正直	重视 *			实践 **	
A. 保持客观	1	2	3	4	5
B. 澄清保密性	1	2	3	4	5
C. 对利益冲突保持敏感	1	2	3	4	5
D. 避免串通	1	2	3	4	5
E. 公平提问	1	2	3	4	5
F. 确定所有权	1	2	3	4	5
G. 保持权利和信息的平衡	1	2	3	4	5

* 重视 = 意识到价值观的重要性，经常谈论并强调价值观对有效引导的关键作用。

** 实践 = 定期基于这些价值观采取行动，并不断将其融入自己的引导实践中。

为了进一步实践这一价值观,我需要:

停止做:_____

开始做:_____

继续做:_____

> 首先,讨论中的伦理决策是不可避免的。因为会议、活动或研讨会反映了日常生活中脆弱的人际互动,所以伦理问题经常面临挑战。其次,在这些场合中实现绝对的公平是不可能的,必然涉及一些妥协和权衡。几乎任何行为都可能使某些人处于不利地位或感到不满。引导者的目标应该是建立一个基本的价值观体系,监督其对个人和整体教育的影响,并在存在疑问时,秉持"尽量不造成伤害"的原则。
>
> ——加尔文,1991 年

真实

真实涉及真诚和诚实,即在与他人合作时不自欺欺人和忠于自己。

真实不是模仿你的偶像,也不是用不像你的风格去开玩笑。正如克里斯坦森等人(1991 年)所言,"这既是对内容和技艺的掌控,也是对自我认知的追求"。这意味着引导者要学会舒适地接受自己,把个人的知识和专业技能视作推动有效团体过程的工具,而非单纯为了展示。

真实作为一项核心价值观,能够帮助引导者更清楚地理解团队,而不是被表象所欺骗。展现真实性还有助于从参与者那里获得真实的反馈。

让提问更有效

> 对于引导者而言，没有最好的风格类型。最合适的类型就是你自己。

我们发现，参与者在团体过程中越来越关注真实性。罗伯特·特里认为造成这种趋势的因素有以下六点：

1. 机构与个人之间日益加深的隔阂（尽管普遍认为应该存在紧密的联系）。
2. 在技术高度发达的社会中，人们面临信息过载的问题。
3. 人们对机构、组织和系统的信任逐渐减弱。
4. 虚拟现实技术的迅速发展（如技术的应用、宣传控制和虚假信息的普遍存在）。
5. 共同目标感变得越来越脆弱。
6. 相对主义的兴起，即人们对于什么是真实、善良或正确的认知越来越模糊（特里，1983年）。

鉴于存在这些因素，引导者的建设性做法就是保持真实性。真实地对待参与者，运用技巧和关怀提出他们最关心的问题："这里到底发生了什么？"为了详细说明这一点，表 2.1 和 2.4 中展示了真实性提问的七个具体维度。

表 2.4　引导的核心价值观：真实

正直	真实	互相尊重
A. 保持客观 B. 澄清保密性 C. 对利益冲突保持敏感 D. 避免串通 E. 公平提问 F. 确定所有权 G. 保持权利和信息的平衡	A. 建立团体对成果的拥有感 B. 最小化对过程的自我欺骗 C. 明确意图 D. 承认问题的存在 E. 诚实对待自身能力 F. 专注当下：调息 G. 倾听客户的想法	A. 实现公平 B. 明确团体规范 C. 尊重对话中的间隔时间 D. 鼓励直接互动 E. 保持耐心：沉默是谁的？ F. 尊重团体能量

▶ 提出真实性问题的指南

以下是一些有效的提问技巧，旨在帮助引导者将真实性价值观具体化为实际行动。

建立团体对成果的拥有感

有效提问是过程的助推器，有助于巩固和加强团体的智慧和力量。当参与者共同提出并回答对解决问题或制订计划有益的问题时，就能建立起对产出或预期结果的拥有感。这同样会影响到引导者的角色。一方面，如果引导者在获得产出、推动成果或影响其发展上发挥了过多作用，那团队的拥有感就会削弱。如果情况未能按照参与者的预期发展，他们可能会埋怨引导者。另一方面，如果一切进展顺利，他们也可能会过分依赖引导者。无论出现哪种情况，团体对结果的拥有感都会受到影响。

最小化对过程的自我欺骗

真实性的核心在于避免自欺欺人。引导者可以通过询问自己、参与者、策划委员会成员和其他利益相关者的体验来避免在会议过程中出现自欺欺人的现象。

- 敏感地询问参与者不清楚的信息或可能存在的自欺欺人的行为。例如，你可以提出类似这样的问题："听起来你的问题背后似乎隐藏着一个假设，你是想提出另外 一个问题吗？"这样的提问只会轻微地挑战人们的自我袒露，但不会造成恐惧或不适。
- 坦率说出你对会议的印象，以此开启讨论，如："感觉大家有点陷入细节了，你们怎么看？"
- 使用简单的反馈表或工具帮助参与者说出他们对会议过程的想法或感受。然后，分享你自己的反馈，以便根据会议需要做出必要的调整。

让提问更有效

- 如果适合，采用幽默（比如用漫画描述困境）的方式提出敏感性问题。请记住，恰当的幽默永远不会让他人感到难堪。

> 幽默是一种表达意义的有效方式，它能传达人类无以言表的深刻真理。就像艺术一样，幽默通过对比显而易见的事物与独特的现象来揭露深层含义，通过打破常规和刻板印象来释放人类的想象力。
>
> ——特里，1993 年

明确意图

我在观察团队时发现，当团队成员察觉到引导者有明确的意图、客观的目标，并且致力于创造一个积极且富有成效的体验时，讨论的氛围就会变得更加积极。这种转变发生在你清楚地了解自己的意图，并且参与者能感受到你的真实（因为他们看到你即使面对困境也能做好自己）。

一旦发生这种转变，即使你做出了错误判断，团队依然会支持你，因为他们感受到了你的积极意图。人们会尊重你的诚意。

与客户保持透明的关系有助于营造积极的氛围。你可以这样说，"我和……讨论过，我们都同意在这次会上不应该有预设的结论。我的角色是创造积极的讨论过程。如果我不小心干预了内容讨论，请立即提醒我。"公开和透明的意图是支持引导者真实性的有效方法。

承认问题的存在

真实性意味着在事情不顺利时，能够勇敢地承认自己或他人的问题。这有时需要勇气，因为可能会面临批评，或是给会议的议程带来意外影响。此时，你可以说：

- 我把你们搞糊涂了吗？让我试着再说得更清楚一些吧。

- 让我们换个角度考虑问题，以便更好地专注于目标。如何让它对每个人都更有意义？
- 看起来这种方法的效果不佳。我们遇到了什么问题？
- 看起来我们有点跑题了。只有我一个人这么认为，还是其他人也有同样的感觉？

诚实对待自身能力

对于自己的能力，向客户保持坦诚至关重要。如果你之前未曾引导过某类项目，或不确定要提什么样的问题，那就对客户开诚布公。告诉他们，你想做这个项目，并且为了做好，你可以与有相关（提问）经验的人合作。

相反，如果你在需要复杂提问和高阶引导技能的领域增强信心，而且希望挑战更高级领域以拓展自己的技能，那么你应该咨询同事或寻求专业人士的支持，以获取进入这些高级领域所需的帮助和资源。

专注当下：调息

在引导会前做调息练习能帮助我更好地专注于会议过程和充分发挥自己的作用。下面这个练习（见表2.5）有利于适应特定环境并优化与团体的互动。这个练习只需几分钟就能带来明显的效果。它是基于太极八法中的第一式改编的。

表2.5 调息练习

1. 双脚与肩同宽站立，双手自然垂于身体两侧，目视前方某个焦点，想象你与团队工作时的积极画面。
2. 用鼻子深吸气，同时缓慢地将双臂从两侧抬起，直至手臂举过头顶合拢。
3. 慢慢地用嘴呼气，同时发出"嘘"声，双手合十，收于胸前。
4. 再次用鼻子深吸气，双手抬起至头顶并拢，同时慢慢抬脚跟，脚掌保持着地。目视前方焦点，继续想象与团队工作时的积极画面，保持住身体的平衡。
5. 慢慢地用嘴呼气，同时发出"嘘"声，张开手指，逐渐降低双臂至身体两侧，同时缓慢回落脚跟至着地。

❓ 让提问更有效

　　坚持不断地练习,可以使这项活动更加流畅、舒缓并达到身心平衡。我通常练习三到四次,根据会议中出现的情况,在会中的休息时间或会前进行这项练习。

　　你可以根据个人情况调整这项冥想练习,使其适应你的身心和节奏。我发现,先参观一下会场,然后想象自己在其中工作的场景,可以提升练习的效果。考虑到实际的引导情境,根据环境的适宜性,我有时甚至会在楼梯间或洗手间做这项练习。

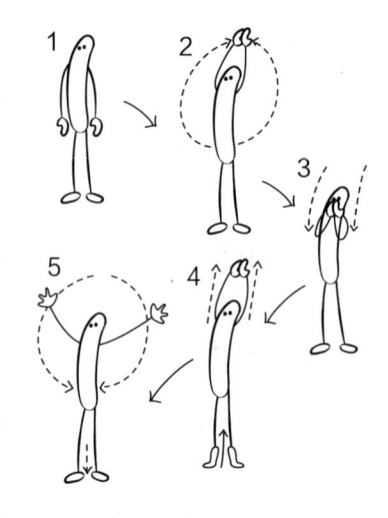

▷ 倾听客户的想法

　　在签约某个项目时,认真聆听客户对问题或挑战的描述。确保项目不仅仅是一份包含了目的、目标、费用、意愿等内容的合约。努力从客户的视角理解他的关切、担忧、期待和愿望。当你把自己和公司全身心地投入到这份合约时,你将会深刻体会到客户的真实感受,洞悉过程中的关键点,因为好的结果源自对的问题。

▷ 实践真实价值观

　　在引导过程中提问时,你是如何体现真实价值观的?想一想你在引导时的提问方式和采取的行动。表2.6展示了与真实价值观相关的七种行为。思考一下,在你的引导实践中,真实价值观在多大程度上被体现了出来?

表 2.6　实践真实价值观

真实	重视			实践	
A. 建立团体对成果的拥有感	1	2	3	4	5
B. 最小化对过程的自我欺骗	1	2	3	4	5
C. 明确意图	1	2	3	4	5
D. 承认问题的存在	1	2	3	4	5
E. 诚实对待自身能力	1	2	3	4	5
F. 专注当下：调息	1	2	3	4	5
G. 倾听客户的想法	1	2	3	4	5

为了进一步实践这一价值观，我需要：

停止做：_____

开始做：_____

继续做：_____

互相尊重

在制定参与原则或规范时，多数团体都强调相互尊重对有效过程的重要性。为了阐述相互尊重的含义，人们常会提到"每个人的贡献都很重要"，或"我们每个人都可以做出贡献，否则就无须坐在这里"，或"让我们确保自己在真正倾听他人的观点，并努力理解与自己不同的意见"。这些表述都很好地描述了相互尊重的概念。在表 2.1 和 2.7 中，还列出了提问时体现相互尊重价值观的六个具体方面。

表 2.7　引导的核心价值观：相互尊重

正直	真实	互相尊重
A. 保持客观 B. 澄清保密性 C. 对利益冲突保持敏感 D. 避免串通	A. 建立团体对成果的拥有感 B. 最小化对过程的自我欺骗	A. 实现公平 B. 明确团体规范 C. 尊重对话中的间隔时间 D. 鼓励直接互动

续表

正直	真实	互相尊重
E. 公平提问 F. 确定所有权 G. 保持权利和信息的平衡	C. 明确意图 D. 承认问题的存在 E. 诚实对待自身能力 F. 专注当下：调息 G. 倾听客户的想法	E. 保持耐心：沉默是谁的？ F. 尊重团体能量

提出相互尊重问题的指南

以下是六个帮助引导者在提问时奉行相互尊重价值观的具体策略。

实现公平

公平是相互尊重的一个关键维度，不仅关乎感觉上的公正，还涉及每天以公平和无偏见的方式做事。人们常将平等和公平混为一谈。在字典中，**平等**被定义为"在数量、大小、数值、价值、程度或强度上相等"或者"具有相同的权利、特权、能力或地位"。而**公平**则被定义为"公正、无偏见；给予或希望给予每个人应得之物或任何合理的事物"。平等是可以量化的，而公平则需要对什么是公正与合理给出定性的评估（斯特拉坎和汤姆林森，1996年）。

引导者可以通过确保发言权在强势和弱势个体或群体间的平等分配来维护公平，即让每个人的声音都被听到并受到尊重。（"我们需要确保谁参与到讨论中，否则他们可能因为资源有限而无法参与？"）

能够吸引并给予参与者机会澄清想法的提问对于支持会议的公平性很重要（详见第三章）。此时，引导者可以提出诸如"我们很少听到后排伙伴的意见，你们对这个问题有何看法？"或"到目前为止，我们只听到了一种观点，还有其他不同的看法吗？"这类问题。

> 平等重在为人们创造相同的起点，公平则是为每个人提供全方位的机会和利益，确保大家能够到达相同的终点。
>
> ——布鲁斯·基德，斯特拉坎和汤姆林森，1996 年

公平过程的基础在于包容性，这意味着尊重所有相关人员的观点，即便这些观点最终可能不会反映在决策中。重要的是意识到你在团队中可能存在的提问模式，例如总是倾向于朝房间某侧的参与者提问，或在与团队成员核实之前就预先假定了某些回答是最佳答案。

确保在团队中为每个成员提供回答问题的平等机会是至关重要的。公平和包容是相互尊重的两个关键方面。作为引导者，应该自问："是否有某种潜在的偏见影响了我的提问方式，比如无意中更看中男性或女性的答案，或者正好相反？或者我是否低估了那些口音与我不同的人的智慧？或者我的提问是如何尊重到每一位参与者的权利的？"

澄清团体规范

指导团队成员如何共同工作的规范往往是隐含且未加言明的。通过识别、澄清和阐明参与过程中的规范或基本规则，引导者能够帮助参与者有意识地思考他们应如何互动，以支持共同目标的实现，从而将他们的价值观转化为具体行动。

当小组或团队成员对自己的角色与合作方式建立起拥有感，他们通常会承担更多责任，特别是在讨论富有争议的问题时，会相互提醒遵守团队规范的重要性。读者可以在第四章找到设定团体规范的原则和问题示例。

尊重对话中的间隔时间

间隔时间是指从一个人说完到另一个人开始讲话之间的空白时间。有些人的间隔时间非常短。如果两个人同时说话，间隔时间几乎为零。对于一些喜欢深思熟虑的人来说，在被问到之后可能需要很长时间才能做好回

答的准备。虽然这有些令我懊恼，但我发现间隔时间与特定的文化背景有关。我现在会根据团队文化的特点来调整引导会议的时间，以适应不同的间隔时间。

等待三秒或更长时间可以为对话带来积极的影响，比如可能会有更多人回应或得到更聚焦的答案。此外，关注间隔时间的引导者倾向于采用多样化和灵活的提问策略，很少进行追问或集中追问，这能为参与者提供更多的思考时间（罗维，1987 年；斯塔尔，1994 年）。

作为引导者，尊重不同的间隔时间并鼓励参与者也这样做是非常重要的。这种尊重有助于建立起相互尊重的氛围，并鼓励那些喜欢反思的参与者积极地参与讨论。

鼓励直接互动

一旦确定了讨论的基本规则，团体成员间不依赖于引导者介入的建设性对话就能促进相互尊重，营造出公平和公正的氛围，并形成团体成员普遍认同的结论或决策。鼓励团体成员自主提问和回答，而不是依赖于引导者，可以促进他们之间的相互学习和建立对彼此能力的尊重。

有些团队能够自然地开展自我引导式讨论。如果团队未能进入这种模式，可以用以下方法来支持团队的互动：

- 避免在提问后使用指示性肢体语言，如特定的眼神交流，以鼓励团队成员自由回答，而不是仅仅为了迎合你。
- 直接表明你希望讨论要如何进行（"请继续，我会听和观察大家的讨论"）。
- 不要重复未被听清的答案；相反，鼓励回答者清楚或大声地重复他们已经说过的内容。
- 当有人提问时，对整个团队点头，而不是指定某个人回答问题。

保持耐心：沉默属于谁？

提问就像发球：你通过提问（球拍）来激发讨论（球的运动）。一旦你提出问题，房间里的沉默就属于被提问者，等他们回应过后你再接拍。只需稍加练习，引导者就能学会感知何时需要保持沉默或打破沉默。

如果你过早地打破沉默，重述提问或指定某人回答，就剥夺了参与者的思考时间。此外，这可能会让他们认为你对沉默感到不适或紧张，从而降低你带领讨论的有效性。

> 尽管我看不见，但当你拉开窗帘时，我便能感知到早晨的到来，因为我理解这种变化。
>
> ——罗特克，1975 年

尊重团体的能量

个体与团体的能量受很多复杂因素的影响，其中许多因素可能是引导者意识不到的。为了尊重和理解这种能量，引导者需要站在参与者—观察者的视角，敏锐地倾听和观察。

- 鼓励参与者在问题浮出水面时提问（正式演讲时除外）。
- 回答问题可能会让人感到疲惫。留意人们是否需要休息并做好灵活应对的准备；实际的需求可能与议程上的安排不一致。
- 尽量避免告诉人们你会在其他时间回答问题（"我们将在明天讨论这个问题"或"今天下午再讨论这个问题"）。一旦感觉到个体或团体的能量出现问题，就把它拿到桌面上讨论。如果时间有限，可以先简短地回应一下，然后再询问大家是否愿意稍后再深入讨论这个问题。

让提问更有效

▷ **实践相互尊重价值观**

在引导过程中提问时，你是如何体现相互尊重价值观的？想一想你在引导时的提问方式和采取的行动。表 2.8 展示了与相互尊重价值观相关的七种行为。思考一下，在你的引导实践中，相互尊重价值观在多大程度上被体现了出来？

表 2.8 实践相互尊重的价值观

互相尊重	重视			实践	
A. 实现公平	1	2	3	4	5
B. 明确团体规范	1	2	3	4	5
C. 尊重对话中的间隔时间	1	2	3	4	5
D. 鼓励直接互动	1	2	3	4	5
E. 保持耐心：沉默是谁的？	1	2	3	4	5
F. 尊重团体的能量	1	2	3	4	5

为了进一步实践这一价值观，我需要：

停止做：_____

开始做：_____

继续做：_____

依靠价值观

当人们清楚自己的核心价值观并据此行事，技能也已娴熟并且每次都能做好充分准备时，就能做出最好的引导。**正直**（Integrity）、**真实**（Authenticity）和**相互尊重**（Mutual Respect）这三项核心价值观不仅很容易被记住（比如你可以用英文单词的首字母缩写"I AM"表示），也能为那些面对不确定团体动态的引导者带来帮助。

第一部分　如何提问

　　我的第一份引导合约是与一个全国高水平运动教练认证项目签订的。在那个项目诞生前，大多数教练都是通过效仿其他知名教练的方法进行教学。如果某位著名的奥运会游泳教练指导运动员用平伸、闭合的双手在水下做 S 型弯道爬泳，那么就会有很多教练也模仿这种做法。然而，模仿者通常不理解背后的生物力学原理。由于这些教练不了解划臂动作的生物力学原理，他们在纠正运动员的问题时就鲜有思路，只能用他们观察到的别人的做法来帮助运动员。

　　尽管观察他人提问可以学到很多东西，但单纯模仿也意味着可能会复制他人的错误。在支持健康的团体过程和实现目标的过程中，没有最好的引导方法，没有最佳的风格可供模仿，更没有最神奇的答案。如果你以正直、真实和相互尊重的价值观提问，即使面对最具挑战的情况，你也能获得体现这些价值观的结果。

第3章

追 问

追问是引导者在提出最初问题后或讨论中使用的提示性问题。追问不仅能扩展和澄清人们的回答或观点，还能将对话推向更深的层次，激发出富有同理心与理解的示例，澄清复杂的问题，揭示出想法的边缘和极端情况。

追问能让参与者真正感受到你对他们的看法感兴趣。引导者可以通过激发人们的自我袒露来促进团队的发展。鼓励人们继续讲述能传达出这样的信息：慢慢来，我们对你讲的内容很感兴趣，想继续听你的想法。

本章所讲的追问技巧也适用于第二部分的所有五个章节。在这五个章节中，我们会介绍一些更具体的追问技巧。

通常，引导者使用追问或跟进式提问是要在以下五个方面给参与者提示（详见表3.1）。

表 3.1　五类追问

追问
1. 为澄清而追问
2. 追问观点
3. 追问合理性
4. 追问选择
5. 追问影响

为澄清而追问

引导者在进行清晰、有趣、动态且具挑战性的讨论时，常常需要澄清某人所说的内容或收集更多相关信息。以下是一些常用的追问示例：

- 你指的是……？
- 你能用自己的话重说一下吗？
- 你能换种方式说吗？
- 你能说得再具体一点吗？
- 我不确定你那样说是什么意思。
- 请继续……
- 让我们再深入讨论一下这个问题。
- 请再多告诉我一些（相关内容）。
- 你说……（这个词）是什么意思？
- 你认为这里面的主要意思是什么？
- 你的主要想法是什么？
- 后来发生了什么？
- 然后呢？
- 你脑海中有能用来说明个人观点的例子吗？

让提问更有效

- 看来大家想听到更多相关信息。你能详细解释一下，这到底是怎么发生的吗？
- 请继续说。你提到的例子对澄清事实很有帮助。
- 关于这点，请再多说一些。它是如何开始的？

> 当人们给出笼统的答案时，追问例子用以澄清。具体的例子能让会议更加生动与直接，它们是对话的调味品，是帮助别人认同自己观点的"钩子"。

追问观点

在带领讨论时，要不时地鼓励参与者分享不同的观点。探索观点时还需要强调包容性，重在收集大量的观点而不是证明哪个观点更正确。

- 谁在报告中看出了一些不同的内容？
- 有人经历过类似的情况吗？
- 我们是否考虑到了那些与种族、文化、阶级、性别相关的偏见或刻板印象？
- 怎样才能知道这是正确的？
- 你的观点与……相比有何不同？
- 是否还有我们不知道的持不同观点的人？
- 让我们再听听其他人的看法，这样我们就能获得更多视角。
- 有什么反应？
- 这种担心（想法或建议）在多大程度上变成了现实？
- 在这种情况下，还有其他选择吗？

- 还有其他可选项吗?
- 关于……这一说法,你的假设是什么?
- 听到这个观点时,你想到了什么?
- 你认为这里发生了什么?
- 还有什么更合适的选择?
- 来自……的人会怎么看这个想法?
- 这件事发生时,你想到了什么?
- 你对这一切有什么看法(想法或打算)?
- 我能认为你对这个方法很有信心吗?(变形:是否可以说你仍然在质疑这个方法?)

追问合理性

在某些决策过程中,人们支持特定立场的理由、不同类型的背景信息和证据会起到重要作用。

- 你知道哪些已经完成且能支持你观点的事情?如果有,我们可以从哪里找到它们?
- 关于这个项目的背景资料有多全面?
- 这场争论是怎么发展起来的?
- 我们如何才能知道自己得出了正确结论?
- 如果让你用一分钟介绍一下这个方法,你最想谈及的三个要点是什么?
- 有能够支持不同观点的证据吗?
- 为确保我们考虑到了所有可用的证据,我们能否联系到该领域里的前沿研究者?
- 听起来为得出这一结论,你做了大量基础性工作。请问哪些因素对

让提问更有效

你的影响最大？
- 要证明这一方法的合理性，我们还需要哪些额外信息？
- 有哪些证据能支持这一结论？
- 关于这个话题最有力的证据是什么？我们从哪里可以找到它？
- 是什么启发你想到那个观点？
- 什么样的新信息可以说服你改变主意？
- 你认为我们的方法存在哪些偏见？

追问选择

在提出一系列可选项时，确保你采取了包容性的方法，并充分利用了参与者的经验。

- 如果不受资源限制，你会提什么建议？

  追问：如果资源受限，你又会怎么建议？
- 对于该选项，你有什么不能接受的？
- 大胆想象，带着一些创意，我们还有哪些可选的余地？
- 你能想到哪些替代方案？
- 你最喜欢该选项的哪一部分？
- 你认为这里最大的挑战是什么？
- 面对这种情况，另一种回应方式可能是什么？
- 你还想到了哪些可能的解决方案？
- 基于上述讨论，你有什么建议？
- 你还在哪用过这种方法？效果如何？
- 哪些方法看起来是双赢的解决方案？
- 你还知道谁有过类似的经历？他们采取过哪些措施？

追问影响

理解观点的影响对于将讨论聚焦于会上的目标是非常有帮助的。

- 我们能承受这样的后果吗?
- 你能详细说明这种方法及其可能带来的影响吗?
- 这是否意味着……?
- 这个建议让你觉得舒服还是不安?
- 这个方法是如何与公司价值观相符的?
- 如果我们采取这一行动,你认为能得到有保证的结果,还是仅仅一种可能性?
- 这是……(某个词)的常见用法吗?
- 如果我们采取这一行动,听起来你会遇到一些长期的困难。这样说公平吗?
- 对我们来说,……的潜在后果是什么?

  追问:这些后果可能带来哪些困难或挑战?
- 每种方法的优点和缺点各是什么?
- 如果我们选择这个方法,可能会发生什么?
- 还有哪些其他因素可能影响接下来的发展?

以下是对追问的一种幽默化表述:

表 3.2　八种追问方式

被动反应	"嗯……我知道了……"(面无表情)
机敏反应	"真的吗? 33 个情人?听起来你过着有趣的生活……"(微笑、点头、挤眉、眼神交流)
消极反应	"真是个反复无常的女人啊!"(皱眉、避免眼神接触)

让提问更有效

续表

发展	"多说一点。你是吹牛还是抱怨?为什么有这么多情人?你最欣赏情人们的什么特点?"
澄清	"平均一年半,你是同时与他们交往还是依次交往?他们相互认识吗?"
打岔	"然而,你声称自己站在女权运动的最前沿。你还认识仅仅是普通朋友的男人吗?"
引导改变	"好的,现在说说你对雷诺阿[1]作品的兴趣吧。"
积极参与	"嘿,宝贝,你心目中的34号是谁?"

来源:改编自肯·梅茨勒(Ken Metzler)的《创意采访:用提问收集信息的作家指南》,由马萨诸塞州波士顿的 Allyn & Bacon 出版。版权归培生教育所有,已获出版社许可。

---

[1] 雷诺阿是一位法国印象派画家。——译注

第二部分

问什么

第 4 章

开启会议的提问

对于引导者来说,开启会议最主要的挑战之一是如何营造一个支持参与者实现目标的积极氛围。氛围是指人们在特定情境中的感受。在引导型会议中,积极的氛围是指参与者能够感到:

- 在这样的环境里,人们可以自在地展现自己;
- 从自己参与的活动中获得乐趣与成就感;
- 这里的环境能避免消极动态的出现。

过程框架

会议或过程的开启环节能够帮助参与者将注意力从日常琐事转移到会议的过程、目标和预期的结果上。恰当的提问不仅能帮助参与者创造相互了解的机会,还能帮助他们为合作建立规范和明确的期待(表 4.1)。

表 4.1 开启会议的过程框架

• 互相了解 　• 分享个人信息 　• 探索工作经历 • 明确期待 　• 理解希望与关切 　• 了解目标和结果 • 建立承诺 　• 制定团体规范 　• 建立拥有感	自在 愉悦 安全

贯穿本章的例子都是采用这一过程框架设计的问题，引导者可以使用它们在以下情景中创建积极的氛围：

- 为期一天的团队建设工作坊
- 已经共事一年半的团队
- 由 12 人组成的团队
- 两个需要解决的重要问题
- 一场有 30—45 分钟用于开场提问的会议

你已经与客户达成一致，开场要让人们感到放松和自在，让人们分享一些与议程相关的个人信息，并了解彼此对会议及长期有效合作的期待与关切（表 4.2）。

表 4.2 开启会议的过程框架与问题示例

1. 互相了解 　"我们已经共事一年半，有机会很好地了解彼此。如果你认为我们是一个'相互给予'的团队，那么你想为团队做出的一份贡献是什么？你希望从团队获得的一个帮助是什么？" 2. 明确期待 　"就议程而言，会上需要做什么才能让你在离开时说'这真是令人满意和美好的一天'？" 3. 建立承诺 　"说到参与原则，我们在上个月的团队会上做得特别好的是什么？考虑到今天的议程，我们需要更多地关注什么？"	自在 愉悦 安全

> 让提问更有效

如前言所述，尽管本章中的问题是为会上口头互动设计的，但它们同样适用于书面形式。

开启会议的提问指南

开场提问能从多个方面为会议带来帮助。以下指南能助力引导者在开启会议时提出有价值的问题。

- 如果你正在主持一场公司内部会议，人们彼此非常熟悉，那就根据你对团队的了解，选择最能强化公司价值观的问题（例如，回顾一下公司的会议原则，请增加一项与本次会议有关的具体建议）。
- 开场环节会因为做自我介绍或营造氛围的时长而有所不同。有时（例如一场由40人参加的3个小时的会议），除了介绍一下自己的姓名、所在地以及是怎样参与到某个项目的基本信息之外，就没更多时间了。
- 根据整场会议的时长安排开场提问的时间。比如，在一场3个小时的会议中，开场时间可预留10到15分钟；在一场8小时的会议里，开场时间可以给到45分钟；而在为期3天的会议中，开场时间可以用满2个小时。
- 开场提问要直接与会议目标相关，这有利于参与者在会议过程中体验到这些问题与其工作成效的联系，还能建立起人们对预期结果的拥有感，例如"考虑一下我们的会议目标，什么会让你觉得这次会议特别好"。
- 设计能给每位参与者留下良好第一印象的提问（如："你第一次赚钱的积极经历是怎样的？"）。
- 使用开放式问题能发挥参与者的优势，让每个人感到自己是团队的一员（"你对项目的哪部分最感兴趣？为什么？"）。
- （在白板纸或电子屏幕上）记下人们的回答，以便稍后回看。
- 认真考虑可能的风险。有些会议和工作坊需要从低风险、不具威胁的提问开始，以便人们在舒适的环境中分享个人信息和建立融洽的关系。有些会议和工作坊可以从高风险的提问开始，以便快速抛出问题和向前推进。引导者需要刻意设计好开场提问的风险程度。
- 在不带有威胁、安全和低焦虑的环境中，选择让参与者袒露自身顾虑、担忧和有潜在分歧的问题（"你对本次会议的一个期待或担忧是什么？"）。
- 使用那些能够帮助参与者从日常情形过渡到会议场景的问题（"你需要做些什么来整理好办公桌以便为开会做好准备？"）。这类提问尤其适用于组织内部的会议。
- 问一个能帮助参与者建立社交关系以便会后相互协助的问题（"你希望会上从别人那学到什么？"）。
- 列一份想法清单，让所有参与者感到被包容："大家对这次合并成功的可能性有哪些看法？让我们尽可能多地列出一些。"
- 避免在本已融洽的情况下破冰。当团队之间真存在"冰"，也就是大家还不熟悉，有些放不开，需要暖场或打开心态后才能顺利达成目标时，做破冰活动才有意义。如果人们已经相处得很融洽，或是很清楚会议目标并且很有信心时，就无须再破冰了。如果参与者不能在游戏活动和会议目标之间建立起明显的关联，他们会觉得"用来热身"的游戏没意思。与其做游戏，还不如提一个略带风险的问题，促使人们思考一下接下来要讨论的问题。
- 询问人们分享与会议目标直接相关的经历。不需要让人们大谈自己的教育背景、过往工作经历或出版过的作品等冗长信息。例如，"过去几年，你有哪些与这个问题相关的学习经历？请用一句话简单描述你的收获"。

让提问更有效

- 将最后一个提问与接下来的议程关联起来:"你希望从会上了解的、与你当前工作直接相关的一件事是什么?"

问题库

支持性结构对参与者形成团队有帮助(塔克曼,1965年)。人们需要知道会议经过了很好的策划,有人负责推动事情的进展,会议有明确的议程和目标,并且自己会因为对会议做出了贡献而受到认可。

无论是帮助初次见面的参与者,还是带领熟人做团建,有效的提问都可以帮助人们找到与他人合作和完成工作时所需的动力与责任感(表 4.3)。

表 4.3 互相了解

1. 互相了解 • 分享个人信息 • 探索工作经历 2. 明确期待 • 理解希望与关切 • 了解目标和结果 3. 建立承诺 • 制定团体规范 • 建立拥有感	自在 愉悦 安全

▷ **互相了解**

这些问题可以让人们在分享个人信息和工作经验时相互了解。提问者需要根据人们之间的熟悉度调整问题。

主题：分享个人信息

- 请按如下句式说出你的想法："我的最终命运是……"
- 介绍一次对你而言常见但有意义的经历。你从这次经历中学到了什么？
- 如果你能改变所受教育经历中的一件小事，从而让你做好从事当前工作的准备，那会是什么？

  提示：当你使用"如果你能……"提问时，就为人们开启了新的可能性。

- 如果你能成立一个新政党，你会怎么称呼它？为什么？
- 用一句话描述生命中最让你感恩的事情。

  提示：使用一句话能鼓励人们聚焦于自己的思维。

- 在成年人的语言世界中，"啊哈"是一种表达获得重要收获或学习的方式。你在这里工作时，有过的一次"啊哈"时刻是什么？请用一句话说明。
- 人一生要攀登很多"高山"。你爬过的一座"高山"是什么？你从那次经历中学到了什么？
- 关于第一印象，当别人第一次见到你时，你希望他们用哪两个词来形容你？（变形：人们用哪两个词形容你？）
- 当工作压力较大时，你会在工作之余做什么来放松？
- 你给这个项目带来了什么礼物、经验或独特的贡献？
- 工作之余，你有哪些促进工作效率提升的兴趣或爱好？
- 你在人生路上做过的一次整体上为自己带来积极结果的重要改变是什么？

  追问：你曾经做过的一次整体上效果并不理想的重要改变是什么？

- 在人生的当前阶段，你经常思考的一个问题是什么？
- 在座的很多人可能不知道的你的一项爱好或兴趣是什么？

让提问更有效

> **提示**：这个问题对熟悉或不熟悉的团体都有效。口头或非口头提出这个问题，决定了人们回答时的安全感。试着采用幽默的方式或举个例子。我们收到过的答案从"收集蜘蛛网"到"读言情小说"不等。

- 未来一年，你最期待生活中发生的一件事情是什么？
- 什么样的人会给你留下积极的第一印象？

> **提示**：试着用造句的方式提问，"给我留下积极印象的人是……"

- 什么原因促使你从青少年时期就开始了工作？

> **追问**：你现在工作的动力是什么？

- 关于对方，你想了解什么？

> **提示**：用3—5分钟与团队头脑风暴一些想法，为每个人列出2—3个可供思考的问题。

- 当遇到新朋友时，你首先想了解他们哪些信息？
- 你来自哪里？告诉我们一件有关你家乡的趣事吧。

> **提示**：在墙上挂一张塑封地图，给参与者一些彩色圆贴，让他们在自己所属的地理位置上贴上圆贴。用不同颜色的圆贴代表不同的参会理由：比如一种颜色代表国家视角，另一种颜色代表地区视角。

更多有关分享个人信息的提问：

_____

_____

_____

主题：探索工作经历

（这里所说的"工作"具有普遍意义，可以是有偿的、自愿的，也可以是在家里做的，参与者怎么理解都行。）

第二部分 问什么

- 说说你能回想起来的最早一次赚钱的积极经历吧。

  提示：这个问题用于帮助销售人员做规划时会非常有效。

- 你是怎么赚到第一块钱的？（变形：根据使用的目的优化你的问题，例如："作为冲突管理课程的培训师，从你脑海中浮现出来的能描述这次经历的第一个词是什么？"或"作为经理，你最难忘的第一次经历是什么？"）

- 你是怎样做到让工作场所有所不同的？

- 你们公司是怎样关心员工的？

- 到目前为止，你是如何参与到这个项目的？

- 如果你能改变工作中的一件小事，那会是什么？

- 如果你能在任何地方的任何组织里找到任何一份理想工作，那会是什么？

- 根据你的经验，支持团队的成员需要哪方面的勇气？（变形：用其他词替换"勇气"。）

- 人们都喜欢在开心的地方做事。你何时在工作中感觉到很开心？

- 如果把团体看成一个整体，你会用什么词形容我们这个团队？

  提示：在介绍完基本情况后提这个问题，能促进大家对团队的共同理解，并且有利于稍后达成共同目标。务必与团队核实一下个人的看法。

- 你正在做哪些有利于实现会议目标的事？

- 你对政策制定工作的哪些方面感到特别满意？

  追问：哪些政策制定的工作最令你沮丧？（变形：用其他词替换"政策制定"。）

- 你会用什么方式释放工作中的压力？

- 你想为团队贡献什么？

  追问：你想从团队中得到什么？

- 进入该领域后，你取得的最大成就是什么？

让提问更有效

追问：在这个领域工作以来，你遇到过的最大的挑战是什么？
- 你最喜欢公司或工作中的什么？

  追问：最让你恼火的是什么？
- 如果有机会，你最希望重温的一段工作经历是什么？

  追问：你压根就不喜欢的一段工作经历是什么？
- 我们行业的人给你留下过什么刻板印象？

  追问：你在多大程度上同意或不同意这种说法？
- 你做的事有哪些独特之处？
- 你为这个团队带来的最大贡献是什么？
- 你还参与过哪些类似的与工作相关的团体过程（如规划会、培训或团建）？
- 每天工作中最占用你时间的三件事是什么？请具体说一说，这样我们就能更确切地了解你的工作。
- 你来这工作的主要动机是什么？

  追问：你在多大程度上实现了目标？是什么激励着你继续在这里工作？
- 你能想到的描述自己管理风格的词或短语有哪些？
- 说到管理，谁是你最重要的老师？（变形：可以用很多词替代"管理"，如"销售""沟通"或"规划"。）

  追问：你从他身上学习到的最大的一项收获是什么？
- 回想一下，有哪首歌或哪部电影能代表你工作时的感觉？

  追问：是什么让你想到了它？

更多有关探索工作经历的提问：

_____

_____

_____

▷ 明确期待

明确会议目标和产出需要时间。对于引导者来说,无论会议目的有多明确,参与者往往会根据自己的体验来解读会议目的。以下提问通过讨论大家的希望与关切,确认会议目标与产出,澄清参与者的期待(表 4.4)。

表 4.4 明确期待

1. 互相了解 　• 分享个人信息 　• 探索工作经历 2. 明确期待 　• 理解希望与关切 　• 了解目标和结果 3. 建立承诺 　• 制定团体规范 　• 建立拥有感	自在 愉悦 安全

主题:理解希望与关切

- 考虑到这次工作坊的目的,我们需要做什么才能确保活动成功?
- 如果由你带领这次研讨会,你确保要发生的事情是什么?
- 我报名了这个项目,因为……
- 关于这个项目,你特别想了解什么?你想做什么来实现自己的职业目标?
- 如果把这个计划看成一次辅导机会,你想从中学到什么?

　追问:你希望与谁搭档?

- 如果把这个项目看成一项潜在的投资,驱动你投资的原因是什么?
- 委员会已经成立三年了,在你看来,我们取得了哪些成就?

　追问:委员会在哪些方面做得不太好?

- 你对工作坊的带领者有什么建议?

让提问更有效

- 合作能给我们每个人带来哪些潜在的机会、收益或成本？
- 你认为我们需要做什么才能让本次会议富有成效？（变形：用"公平""愉快"等词替换"富有成效"。）
- 当会议结束时，你希望在自己的头脑中能记住什么？
- 是什么让你对本次重组会议感到如此兴奋？

  追问：是什么让你对本次重组会议感到如此担忧？

- 你认为（某人或某岗）……最近的哪些想法对讨论很重要？（变形：根据会议目标替换"某人或某岗"。）
- 关于这个项目，你不确定其他利益相关者是否认同的一个假设是什么？
- 你对本次会议的一项具体期待是什么？

  追问：你关注的一个具体问题是什么？

  提示：要明确期待与关切的含义。使用相反的问法往往也能得到类似的答案。例如，"这是我的期待，我的关切刚好相反"。（变形：可用其他词替换问题中的"期待"和"关切"。）

- 你期待结束时被回答的一个具体问题是什么？

  提示：记录并张贴出参与者的答案，方便在会上找到答案时做核对。

- 在座诸位已初步建立起来的，能为我们进一步共识带来良好开端的一个初始起点是什么？
- 这次研讨会对我们单位来说最好的结果是什么？请用"我们……"开启你的回答。
- 什么原因促使你接受了这份工作？
- 你参与这个项目的原因是什么？
- 会上发生什么会促使你决定长期参与这个项目？
- 你对本次会议的哪些环节特别感兴趣？对哪些环节不太感兴趣？
- 为全面参与这个项目，你是否想接受一些特殊训练或辅导？

更多有关希望与关切的提问：

_____

_____

主题：会议目标与结果

- 将**两个部门合并**后，你希望在新部门中保留哪些你**原先部门**的工作方式？你想改变的是什么？（变形：用其他词替换粗体字，让这个问题适用于更多场景。）
- 马博士明早将为我们做一场关于……的演讲。鉴于本次会议的目的和她在该领域的专长，你们希望在她的演讲中听到什么？告诉我，我来转告她。
- 在你看来，这个项目要达成的主要目标是什么？
- 就你的岗位而言，你希望看到哪些有利于组织的改变？
- 用你自己的话说一说："我们为什么聚在这里？"
- 我们已通过哪些方式实现了这项计划的目标？
- 回顾墙上张贴的会议目标。参考剩下的时间，你认为达成这些目标还现实吗？是否需要更改、添加或删除？

    提示：确认目标能帮助人们建立起对会议过程与结果的拥有感。

    追问：第四个目标是"你们这个领域中研究者的共同兴趣与问题"。根据你的经验，你希望大家在会上讨论哪些内容？

- 想象会议结束时，你希望组织能够传承下来什么？
- 委员会已经成立三年了，你希望委员会在未来三年内做好哪些工作？
- 你对参会的其他人有什么期待？

    追问：你认为他们对你有什么期待？你对自己有什么期待？

- 当我们说到组织正在就该项计划进行"合作"时，这意味着什么？

❓ 让提问更有效

追问：当我们共同开展这项计划时，对于我们要怎样参与、谁做决策以及领导层都有谁，有哪些期待？

- 为取得成功，我们必须解决的一个紧迫（关键/重要）问题是什么？
- 在你看来，需要做什么才能让这场研讨会取得成功？（变形："对你来说成功是什么样的？"或："我们如何知道自己成功了？"）
- 你想在项目的哪个环节发挥领导作用？

更多有关会议目标与结果的提问：

_____

_____

_____

▷ 建立承诺

参与者对会议结果的承诺是建立在他们对参与原则的相互支持，他们相互交流各自观点的机会，以及他们对结果的贡献感的基础之上的。（参见表4.5）

表4.5 建立承诺

1. 互相了解 　• 分享个人信息 　• 探索工作经历 2. 明确期待 　• 理解希望与关切 　• 了解目标和结果 3. 建立承诺 　• 制定团体规范 　• 建立拥有感	自在 愉悦 安全

本节要讲的提问侧重于团体规范和帮助参会人建立对会议结果的拥有感。

主题：制定团体规范

- 在你看来，有效会议最重要的三个特点是什么？

  追问：如何让我们的会议体现出上述特点？

- 考虑到参会人，你认为大家要共享的1—2项价值观是什么？

  追问：如何检验这些关于价值观的结论是对的？

- 根据你对团队的了解，为了确保会议成功，大家在会上都能做的一件事是什么？

- 如何确保利益相关者的角色与责任是明确、容易理解以及是我们项目所特有的？

  提示：回顾过去的具体内容，能促进参与者关注事后和当下应用的必要性。

- 如何确保在制定会议议程时考虑到我们的所有利益？
- 如何重新审视我们是怎样合作的？
- 我们要怎样做决定？
- 为了实现共同目标，当出现争议时我们要怎样解决？
- 语言是合作时沟通的重要部分。我们要如何开发一套相关术语和缩略语的共同语言？
- 先想一想要达成什么会议目标，再想一下自己和别人。能支持我们合作取得成功的3—4个基本原则是什么？

  提示：你可以举几个例子，例如：休息过后准时回来，会上将电子设备静音或关闭。

- 我们有满满的议程和计划达成的具体目标。在与大家合作时，我作为带领者的重要职责是创造一个积极和富有成效的氛围，让大家保持聚焦和按时完成任务。这可能涉及……你们觉得如何？

  追问：你们认为还有哪些需要特别注意的事项？

- 本次会议有很多参会人。有的人会主动倡导自己的想法，有的人会

让提问更有效

努力探询他人的观点。什么原则有利于我们在会上平衡好大家的主张与探询？（罗斯和罗伯茨，1994年）

- 什么样的行为能把会议搞砸？回想你青春期的校园生活，列一份所有你做过（或看过）的会搞砸一堂好课（一场会议）的行为。

  提示：讨论这些行为的对立面，将搞砸清单转换为一套恰当的参与原则。

- 提问时需要遵循哪些原则或规范？
- 需要设定哪些原则来帮助我们更专注于目标和避免面面俱到？
- 关于冲突管理，你认为最应该教给孩子们的两件事是什么？

  提示：避免问"你是如何在自己的成长经历中学会管理冲突的"。这样的提问可能会让某些人回忆起被虐待或与父母起冲突的痛苦经历。

- 你想在这次会上使用的一项在其他会上用过的参与原则是什么？

  追问：你不想在这次会上使用的一项在其他会上用过的参与原则是什么？

- 能确保本次会议成功的一个原则是什么？
- 你从与他人的合作中获得的最大收获是什么？这将对我们本次会上的合作有何帮助？
- 你从上小学时就学会的，希望每个人在会上都能遵守的一条原则是什么？
- 为相互支持达成目标，我们能做的一件事情是什么？
- 你不希望在会上发生的一件事情是什么？
- 如果人们合作得很好，当完成任务时，你认为团队会成为什么样子？

更多有关制定团体规范的提问：

_____

_____

_____

主题：建立拥有感

- 分享一段与这个问题有关的最让你感到骄傲的工作经历吧。
- 你如何评价一场会议的成功？
- 你会怎样向朋友介绍这个团队？
- 你会如何向朋友介绍自己在团队中的角色？
- 关于董事会的运作，你能改变的一件事情是什么？（变形：用"我们怎样合作""我们如何开展工作""如何提供反馈""如何给予反馈"等词替换"董事会的运作"。）
- 你在多大程度上支持这次研讨会？（变形："你在多大程度上支持研讨会的成果？"）
- 关于成为这个团队的一员，你十分确信的是什么？

  追问：关于成为该团队的一员，你不确信的是什么？
- 你认为这个团队有什么独特之处？（变化：用其他词替换"独特之处"。）
- 你认为需要做什么才能确保会议成功？
- 自从我们上次见面以来，你对该领域的一个新认识是什么？
- 是什么激励着你在这里好好工作？

  追问：什么能让你对研讨会做出150%的承诺？
- 做些什么才能让你完全致力于会议目标的达成？
- 你认为团队中大多数人共享的两项价值观是什么？

  追问：你认为团队中可能有人并不认同的两项价值观是什么？

  提示：请务必与团队成员共同检视对这些价值观的推测。
- 关于这次会议，出现什么时会让你感到非常满意？
- 当把团队作为整体考虑时，你认为我们最大的机会是什么？

  追问：我们最大的挑战是什么？
- 需要你为参加工作坊的人设计一张欢迎地垫。你会在迎宾地垫上放什么元素？

让提问更有效

更多建立拥有感的提问：

_____

_____

_____

常见挑战

以下真实案例探讨了在开启会议时刻意提问的情形。

▷ 当开场时间很短时

挑战：我最近为一家全国慈善基金会带领了一场由 50 人参加的 5 个小时的研讨会。会议目的是回顾 12 个大区的使命与价值观，并将其整合为联合基金会的使命与价值观。在准备时，我们编写了一份背景文件，对当前的管理模式做了比较。

那次会上有 15 位新人，他们还不太熟悉，所以我们要在短时间内做些有意义的热身活动。结果没有我想象的那样好。大家在介绍环节花的时间太长了，尽管这在一定程度上增强了团队凝聚力。面对这种情况时，你会问哪些问题？怎么问？

答复：如果相互介绍很重要且时间又有限，那么向团队分享这些信息并要求他们简短发言就很必要。把你想让大家回答的问题写好，并贴在会场前面。提前找两个人，向他们简要说明需要回答的问题，看他们是否愿意在会议开头为大家做个示范。

引导者话术："对我们来说，知道谁在现场很重要。考虑到我们要在规定的时间内达成目标，让我们每个人试着用 20 秒钟回答两个小问题，以此做个简单的自我介绍。虽然我们的时间很短,但第二个问题又很重要,所以现在请你先花一分钟时间想一下要怎样回答。"【停下来,在白板或投影仪上展示这两个问题(参考如下)。】"我先请两位朋友为大家做个示范,然后大家再依次做介绍。我们总共有 20 分钟。"

问题 1:姓名、单位、所在地。

问题 2:参考以下语句样式,结合本次会议的目标,提出一个你的观点或想法。

- 我对本次会议的一个期待或担忧是……(说一个就行)
- 当我们开启本次会议时,从我脑海中浮现出的一件事是……
- 能让本次会议成功的一个关键因素是……
- 是……促使了我接受邀请来参加今天的会议。
- 我认为今天最重要的一项议程应该是……

一旦让所有人回答完这两个问题并记录好大家的回答,最好是提一个问题做些整体回顾,例如"从大家的想法中浮现出哪些有关今天研讨会的目标"。同时,你也要做好参考大家的反馈优化会议议程的准备。

▷ 开启特定主题的工作坊

挑战:我经常主持特定主题的工作坊,如领导力、辅导或标杆学习。这意味着,在工作坊的开场阶段,我必须考虑如何介绍这个主题,同时还要努力推动目标与结果的达成。你对此有何建议?

答复:以下是对某些特定主题的工作坊可能有帮助的一些问题。虽然这是针对特定主题的提问,但稍加调整后就能用于其他场景。

让提问更有效

领导力

- 回想一段你在公司担任高级领导职务的经历。在你的职业生涯中，关于组织领导力，你的一项重要学习是什么？请像宣读戒律一样说出你的答案。

  提示： 当领导者们回答这类问题时，所涉及的风险足以支持团队发展和增强人们对会议结果的拥有感。

- 目前，你们单位（或你知道的其他组织）在领导力上面临的一大挑战是什么？

  提示： 括号中的内容能鼓励回答者在不泄密的情况下披露信息。

- 在国家层面上，企业领导力（与经济、就业和创新等）有着怎样的利害关系？

- 我们的（某行业）领导者何时应该说"不"，而不是说"好"或假装看不到挑战？

辅导

- 如果你重新开始职业生涯，你会在哪方面需要他人的辅导？

- 你被要求担任一位新员工的导师，他是一位刚毕业的年轻MBA。为了帮助他取得成功，你会给到他的两条重要建议是什么？

伦理规范

- 在你看来，这个问题所涉及的伦理困境是什么？

  提示： 解释诸如伦理困境之类的概念，确保大家的回答与目标一致。

- 你所在的行业若出现违反伦理规范的问题，通常会发生在哪些领域？

绩效管理

- 除了增加经济性奖励之外,你能改变的公司用来激励员工的一件事是什么?

团队发展

- 到目前为止,你对团队最重要的贡献是什么?你从团队中学到了什么?

项目复盘

- 到目前为止,项目进展不错的地方是什么?进展不太好的地方是什么?

工作场所反馈

- 在这家单位,关于伦理规范(或者服务、营销等),最让你引以为豪的是什么?在这家单位,关于伦理规范(或者服务、营销等),最需要改进的是什么?

前景和挑战

- 当你从……的角度看待这一情况时,其主要挑战是什么?

定义问题

- 请用引人入胜的报纸标题来描述项目中最大的两个问题。

设定优先级

- 你在该领域投资项目的两个首选标准是什么?

让提问更有效

建立共识

- 你认为在解决这个问题上最大的共识点是什么?

  追问:你认为最大的分歧点在哪里?

财务成功

- 怎样才能让公司在财务上取得成功?
- 你的第一份有薪工作是什么?

  追问:你希望自己的最后一份有薪工作是什么?

澄清价值观

- 你是唯物主义者吗?

  追问:如果是,怎么办?如果不是,那又如何?
- 如果你看到有人从商店偷东西,你会制止吗?

  追问:为什么制止或为什么不制止?
- 你在哪些方面像个循规蹈矩的人?

  追问:你在哪些方面又不像是守旧的人?

个人发展

- 如果你明年要完成一件大事,那会是什么?
- 如果你中了彩票,你会用这笔钱做什么?
- 有什么风险是你愿意承担,但别人可能感到尴尬的?
- 你一生中改掉的一个坏习惯是什么?
- 你期待自己的朋友应具备哪些品质?

第二部分 问什么

▷ 举办系列工作坊

挑战：我们要在一段时间内举办多场工作坊，这涉及团队多次或定期聚会。开场的提问通常要基于对前面会上所发生的事情的回顾来展开。你能举一些在类似情况下提问的例子吗？

答复：一种方法是将重点放在此前学过或讨论过的内容上，以此鼓励参与者思考他们想在接下的环节获得什么。例如："你从上次团队会议中学到了什么"或者"你想从这次会议中学到什么"。

- 另一种方法是，关注人们作为团队成员时，如何通过承担个体责任来创造高效和愉快的体验，以及他们因此所做的个人贡献。上次会上，我们制定了一些确保会议富有成效和令人愉快的合作原则。基于上次的经验，你认为哪一项最能让你在本次会上获得积极的体验？
- 关于团队原则，我们上次的会议在哪里做得好？
  追问：这一次我们需要注意些什么？
- 在最近一次组织变革实践者的研究生校友会上，过去25年的毕业生们按照班级分组讨论了三个问题，并在白板纸上做了创意记录。每个班级用两张大白纸展示了自己班的那部分内容，沿着墙面铺展开一条跨越25年的时间线。
- 这三个问题是：
  ◦ 当初你们在这里上学时，商界正在发生哪些事情（关键事件或突发事件）？
  ◦ 简要描述你们班的一个决定性时刻或亮点。
  ◦ 用一个词、短语、符号或一张图片、绘画表达你们班的特点。

所有班级做完活动、集体分享和总结，共耗时约3个小时。这个活动为每个班级带来了对过去25年历史的简要洞察。帮助他们通过向其他班级展示自己的独特经历而建立起拥有感。整个下午，所有人都回顾了学院的历史缩影。

这次校友会活动的风险恰到好处，正好支持到团队的快速融合。学院的大多数人都对活动带来的挑战感到满意，如果活动没有挑战，或许他们反而会感到失望。

有几个班毫不掩饰地表达了他们在学院行政部门动荡阶段所经历的强烈挫折感。其他班级则庆祝了他们认为是改变一生的学习之旅。还有一个班表示，在某一年没能达到学术目标时，他们特别缺少连接感。最近刚刚毕业的一个班通过这次活动理解到了为什么他们的经历没有达到预期目标。

作为这次活动的参与者和观察者，我认为这些问题引发了人们强有力且富有见地的回答，促使团队达成了凝聚一致的效果。这些回答不仅总结了过去，还为未来的学习铺平了道路。这些问题直接契合了聚会的目标，即学习过去和开创未来。当每个班级分享他们对过去的看法时，我看到了其他班级同学们的各种反应，如喜悦、沮丧、担忧、惊讶、困惑、失望以及相互支持，这些反应都非常具有启发性。

▷ 让紧张的团队放松下来

挑战：我将为一家非常成功，但有些保守、以男性为主，且以其传统形象为傲的律师事务所策划一场周末战略规划会。如果是你，你会提出哪些问题来为这个由30位合伙人参加的首场会议开场？

答复：专业化公司的规划会通常包括设定战略目标，解决团队发展中的问题，管理合作伙伴间的冲突，以及探讨与公司未来的发展方向等内容。引导者越早制定和实施识别与解决问题的规范，规划过程就会越顺利。你可以在会前多收集一些公司的信息，并以这些信息作为开场提问的基础，将有助于引导讨论。

以下是在法律、医学、会计、教育和牙科等专业公司客户中常用的有效开场的问题。这些问题取决于参会者是否在会前收到过针对公司合伙人所做的访谈或调查报告（要注意做好保密和匿名）。务必提出一些有适度风险和需要他们坦诚回答的问题，以此鼓励参与者对整个过程建立归属感。

与此相关的问题

- 第一次读完报告时你有什么感觉？
- 会议目标是在拿到报告前确定的。读完报告后，你认为会议目标是否合理，要做微调吗？
- 这份报告是根据我们与策划委员会共同确定的访谈结果出具的，它反映了贵公司的基本现况。这种情况已经持续多久了？
- 你从报告中看出了哪些贯穿其中的共性？
- 你最喜欢公司形象的哪一点？你最不喜欢哪一点？
- 你认为其他公司的人读了这份报告，会对贵公司得出怎样的结论？
- 在这份报告中，哪些内容让你对未来感到乐观？

  追问：在这份报告中，哪些内容让你对公司的未来感到忧虑？

- 你第一次读这份报告时，哪些内容引起了你的注意？

  追问：这些结论准确吗？你会建议新员工读这份报告吗？

其他问题

- 在你看来，公司未来三年发展的一大关键是什么？
- 回想一次你参加过的成功的规划会，是什么让它成功？再回想一次你参加过的不成功的规划会，是什么让它不成功？

  提示：根据答案列出一份合作规范。

- 你认为要让工作坊取得成功，应该为合作伙伴制定哪些合作规范？
- 在这次会上，你认为每个人都应该牢记的与公司未来有关的一条信息是什么？
- 在你看来，规划会上发生什么才能让它成功？

第5章

激发行动的提问

许多引导式讨论会直接指向明确和具体的需要参与者采取行动的结果。无论团队的目的是做战略规划、团队建设、客户方案规划、项目实施、政策制定还是生产计划的修订，通常都需要个人、团队和组织或社区采取行动。

过程框架

通过使用图5.1的"什么—那又如何—现在怎么办？（3W）"过程框架指导提问和激发讨论，引导者就能在帮助团队聚焦主题和激发行动上发挥关键作用。

如图5.1所示，该过程框架包括三类提问。通常，引导者陈述目标、说明要讨论的主题或任务（内容）："我们的目标是评估和最终确定使命宣言。让我们看一下各组的统计结果，关于使命宣言，这些结果告诉了我们什么信息？"

源自什么（What）的观察类（notice）提问（参见本章问题库）可以

帮助参与者对内容做观察（例如：关于使命宣言，报告中的哪些内容引起了你的注意？）。

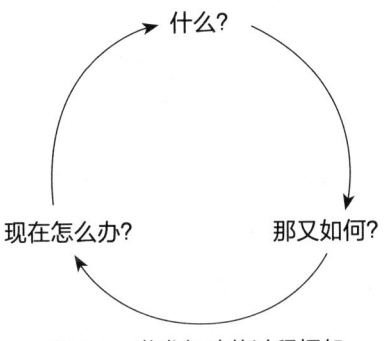

图 5.1 激发行动的过程框架

源自**那又如何**（So What）的**意义类**（meaning）提问能让参与者思考或反思自己的观察是如何与当前状况及价值观相吻合的（例如：这些发现告诉了我们哪些有关使命宣言与组织价值观相吻合的信息？）。

源自**现在怎么办**（Now What）的**应用类**（application）提问能让参与者想到可能的行动步骤或行为改变（例如：你会怎样修改这一使命宣言？哪些关键词或短语应该被修改？）。

"什么—那又如何—现在怎么办？"这一过程框架好用又好记。如图 5.2 所示，你可以用这三类提问构建具体的任务或讨论并将其推向行动。

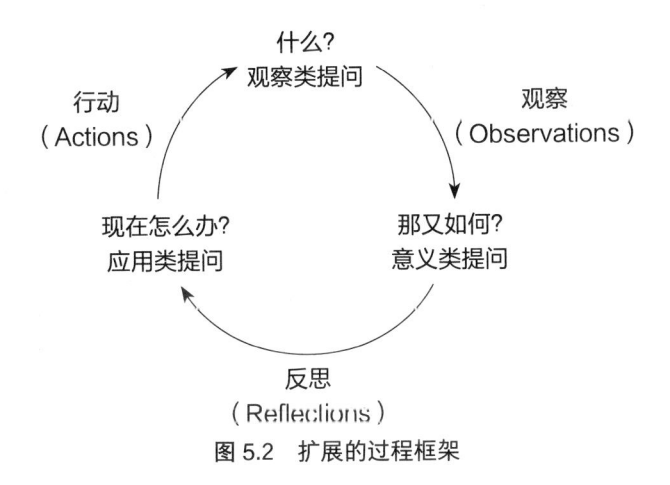

图 5.2 扩展的过程框架

过程框架是灵活的，图中的箭头也不是严格不变的。有些问题是典型的观察类提问（例如：这份报告中引起你注意的是什么？），所以，非常靠近观察（Observations）的"观察类提问"一端。而像"第一次读到报告时，你突然想起了哪些潜在的问题？"这个问题更接近观察（Observations）的"意义类提问"一端。

这个框架适用于不同的学习风格（Kolb 和 Fry，1975 年；Johnson 和 Johnson，1996 年；Marks 和 Davis，1975 年；Jones 和 Pfeiffer，1980 年；Argyris，1970 年，1985 年；Gaw，1979 年，1980 年；Wheeler 和 Marshall，1986 年）。曾经有多位作者从行为改变的角度阐述过体验式学习。本章有些问题便出自他们的文章，但大多数问题源自我们自己的实践。另外一种与研究范式相关的体验式学习观点，可参考莱因哈茨（Reinharz，1981 年）的文章。还有一种说法可以从斯坦菲尔德（Stanfield，2000 年）的书中找到。偏好观察的人会发现自己在提观察（notice）或什么（What）类的问题上有优势，而擅长反思和抽象概念化的人更加偏爱于提意义（meaning）或那又如何（So What）类的问题，而擅长采取行动的人则会在提出讨论应用（application）或现在怎么办（Now What）类的问题上找到自己的优势。

> 知识源于对问题的回答，而新知识源于提问……一旦你学会了如何提问，能够提出相关、恰当且实质性的问题，你便掌握了学习的秘诀。此时，将无人能阻止你学习任何想要或想知道的东西。
>
> ——波兹曼和温加特纳，1969 年

第二部分 问什么

激发行动的提问指南

"什么—那又如何—现在怎么办？"过程框架明确地聚焦于行动、结果和成就。以下指南能够帮助引导者选择或设计问题，促成行动，关注结果并让参与者获得成就感。

- 从团队的实际情况出发。在有些讨论中，参与者会从"那又如何？"类问题开始，在开始"现在怎么办？"类问题前又回到"什么？"类问题。这些问题之间是相互依赖和基于整体框架的，针对你所面对的情形，选择最有意义的提问顺序即可。

- 如果讨论陷入僵局或沉默的时间太长，通常是因为讨论卡在了框架的某个环节。例如，你在参与者刚刚开始注意到影片或演讲中的内容（"什么？"）时就提了一个"现在怎么办？"的问题，这其实是一个关于如何应用影片或演讲内容的问题。或者，你在带领人们澄清战略规划会上的价值观时，如果很多人急于讨论行动步骤，你就可以调整过程框架来适应团队的具体情况。

- 基于该框架带领讨论时要对团体动力保持敏感。一方面，复杂情况需要提出更多"什么？"类问题，以便参与者有时间完全理解讨论的主题。如果"什么？"类问题被理解清楚了，其他两部分通常会进行得更高效。另一方面，当遇到针对关键问题存在观点冲突的困境时，你会发现团队成员会花很多时间在"什么？"和"那又如何？"阶段，并且拒绝做决策。无论哪种情况，你都可以根据框架决定何时以什么方式推动参与者前进，并引导他们朝正确的方向前进。例如：我们已经花了30分钟研究报告，讨论大家对报告的看法，以及报告是如何符合目标的。我建议用接下来的时间讨论一下，如何将这些结果应用起来。你们认为这样往前推进一步怎么样？

❓ 让提问更有效

> 胜任的引导者能够对不同情形做出灵活回应。无论参与者团体的背景如何，他都能引导他们找到有意义且可验证的学习路径，即使这些路径可能不完全符合引导者的概念框架。引导者的目标是建立信任，使学习过程得以逐步展开和发展。理想的引导者不是直接带领参与者得出结论，而是通过激发他们的洞察力，并跟随团体涌现出来的想法，帮助他们达成共识和解决问题。
>
> ——高，1979 年

- 学习风格对于有效使用过程框架非常重要。如果很多参与者的学习风格倾向于采取行动，那么与偏好反思与概括的参与者相比，他们更想跳过"那又如何？"类问题，或是仅花很少时间在这类问题的讨论上。根据你的经验和团体的意见调整并安排提问的顺序，确保你在框架的每一部分都花了足够的时间，但又不至于让那些偏好某种风格的人感到厌烦或分心。

- 使用该框架时要正常看待团体中的不同观点及潜在冲突。例如，"在这个问题上，通常不只有一两种看法。大家还能提出什么不同的观点"或"相互冲突的观点能让这场讨论变得更有趣。谁还有不同的想法"。

- 框架中的"那又如何？"类问题问的是人们对事物相互契合的看法。在这个环节中，采用"**如何**"开头的问题通常不会像采用"**为什么**"开头的问题那样令人生畏（参见第一章中关于刻意提问的技巧部分）。"**如何**"或"**什么**"开头的问题问的是客观描述，而以"**为什么**"开头的问题问的则是原因或解释。很多参与者不喜欢在团体面前解释自己的行为或给出理由。如果被要求这样做，他们就会变得有防御性并保持沉默，或者做出他们被期待的回应。例如，一位体操教练问运动员："你为什么在大转弯处减速？"运动员低头不语。我后来问她为什么当时不回应，她说："无论我说什么都是错的。"我（用一种没有威胁的语气）问她："在到达大转弯处时，你想到了什么？"她说："进场路线好像偏了，我不确定能否安全着陆。"

- 设定明确的过程目标对于构建"什么—那又如何—现在怎么办？"的提问很重要。你对基本情况了解得越透彻，这个过程框架就越能在现场帮助你提出有利于团体讨论的问题。

> 不要在人们情绪高涨时问"为什么"。

问题库

无论你是会前想好问题，还是现场提问，激发行动的过程框架都能帮助你做好准备，并提供一个向前迈进的概念框架。

▷ 什么 / 观察类提问（观察）

"什么？"类提问能提高觉察，询问的是参与者对某件事有过的想法和感受。以下是在图5.3过程框架中使用的"什么？"类提问，适合于让人们回顾经历，或是在紧随演讲、视频、报告、讨论或结构化活动之后提出。

```
         什么?
       观察类提问
    行动  ↗    ↘  观察
现在怎么办?      那又如何?
 应用类提问      意义类提问
         反思
```

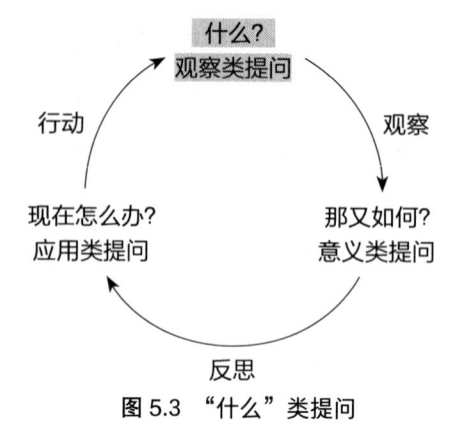

图 5.3 "什么"类提问

- 在我们第一次做战略规划时，你对公司有过哪些想法？
- 有什么让你感到意外的？

> 传统的原住民教义表明，人们对发生在他们之间的事情总会有不同的理解。因此，问题不在于寻求"真相"，而在于寻求并尊重人们所持有的不同观点。基于这样的理解，真相与每个人对所讨论之事的反应和参与其中的感觉有关，因为对他们来说，这才是真正的现实。
>
> ——斯坦菲尔德，2000 年

- 谁有过类似的经历？
- 感觉如何？

   追问：谁在听演讲时有类似的反应？谁有不同的反应？
- 你是怎样参与到这次演讲中的？

   追问：你是在全神贯注地听，还是在一心想着工作，抑或是列下班后的购物清单？
- 在三人小组里，分享你们对这个演讲的印象。

第二部分 问什么

- 那么，你对这种方法的本能反应是什么？

  提示：这个问题可用于富有争议或激烈的演讲之后。可以用"第一反应"或"直觉反应"等词替换"本能反应"。

> 为了提高自我觉察，你可能需要暂时停下来，关注到自己。此刻我感受到了什么？我的内心正在发生什么？我的情绪如何？我感觉身体紧张吗？如果仔细倾听，我能直接感知到自己不满的根源吗？我想要什么？我更倾向于什么？当我独处时，我能觉察到多少不同层次的意识？我能描述每一种感觉吗？什么想法和感觉最为突出？集中注意力和专注是提高自我觉察的第一步。
>
> ——穆斯塔卡斯，1974 年

- 看完电影后，最先从你脑海中冒出来的词或句子是什么？
- 这份报告中吸引你眼球的是什么？
- 你在报告中看到了什么？
- 你听到了哪些此前不知道的内容？

  追问：听到了哪些还想再听一遍的内容？
- 你注意到了什么？
- 当你那样做的时候，观察到了什么？
- 这段视频给你留下什么样的总体感觉？
- 那里发生了什么？
- 另一种说法是什么？
- 这里正在发生什么？
- 第一次看到的时候，引起你注意的是什么？
- 你在看这段视频的时候有什么感受？
- 你对这次演讲中的哪部分最感兴趣？

❓ 让提问更有效

- 在这份报告中,哪些潜在问题或挑战引起了你的注意?(变形:用"方法"或"计划"等词替换"报告"。)
- 什么让你印象深刻?
- 什么打动了你?

更多关于"什么"类的提问:

_____

_____

_____

▷ 那又如何/意义类提问(反思)

"那又如何?"类提问(图5.4)包括三个维度:相关性与匹配度、组织和个体。

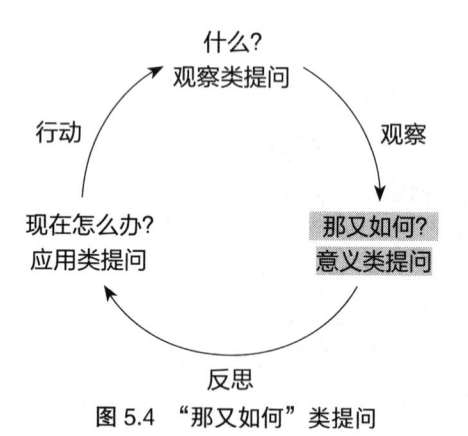

图 5.4 "那又如何"类提问

主题:相关性与匹配度

- 听(经历/讨论)过这件事之后,你对这一方法的看法有何改变?
- 这里的处境如何?

第二部分 问什么

- 从……的角度说一下这份报告。
- 你看到哪些与我们的现状有关的模式?

  追问:有哪些类似或不同的例子?
- 这个方法(电影/报告)如何影响你对过往经历的理解?
- 这对你有什么意义?
- 这段视频对种族(或性别、年龄、阶级、宗教)做出了哪些影响其结论的假设?
- 根据你所了解的情况,哪些外部团体与我们的工作有关?(变形:将"团体"替换为"因素"或"个体"。)
- 在你看来,这个演讲的主要观点是什么?
- 在这份报告中,作者是如何处理矛盾与困境的?
- 这一方法会如何影响那些有特殊需求的人?
- 你如何解释在此情况下发生的事情?
- 这与你的预期相比如何?
- 这种思路与我们的目标有什么关系?
- 这与我们上次会上讨论的内容有什么关系?
- 今天的会议与上次会议有什么关系?
- 我们正在讨论的内容是怎样与我们的使命相吻合的?(变形:将"使命"替换为"部门宗旨"或"公司的关键目标"。)
- 这是你认为该发生的事吗?
- 从1到5打分,1分表示低,5分表示高,这里的每一项内容与你的工作场所有哪些相关性?
- 考虑一下这份报告可能给公司带来的影响。你会用哪三个词描述它们?
- 我们能得出哪些关于……的核心主题?
- 这给你带来哪些担忧?
- 你从这次讨论中学到或是重新学到了什么?
- 根据报告中的建议,你注意到自己团队的哪些特点?

让提问更有效

- 这一切对你来说意味着什么？
- 到目前为止，你们对这些问题采取过哪些措施？
- 关于该地区十年后的愿景，你们是怎样看的？
- 我们可以从这次演讲中得出哪些结论？
- 在当前情况下，还有哪些可能性未被讨论到？

  追问：你为何认为这些可能性还没有被摆到桌面上来？

- 据你所知，还有哪些项目的目标和问题与之类似？

  追问：你能从那些项目中学到什么？

- 这次报告或演讲的哪些内容与你们单位相关？
- 为了帮助我们更好地了解这一领域，你想向演讲者提一个什么问题？
- 对你来说，这一方法中的什么是最重要的？

  追问：为什么重要？

- 这一切的关键是什么？
- 为什么这件事对你如此重要？
- 你会为团队邀请这位演讲者吗？（变形：用"播放这段视频""组织一场讨论""分发这份报告"替换"邀请这位演讲者"。）

  追问：为什么或为什么不？

- 你会向别的团队推荐这段视频吗？

  追问：为什么或为什么不？

更多聚焦于相关性与匹配度的"那又如何"类提问：

_____

_____

_____

_____

_____

主题：组织

- 假如你正在为组织内刊撰写报告，你会用什么标题吸引读者，让他们意识到这份报告对组织的重要性？
- 这种方法符合你们单位的做事方式吗？
- 这段视频和你的个人经历有什么关系？请解释一下。
- 这与你目前的工作现况有什么关系？
- 这份报告与你已经了解的组织中的问题有何关系？
- 这个结果对你们单位的意义体现在哪里？
- 考虑到现有的资源，这个计划的现实性如何？
- 如果你能为影片中的某位顾问提供一些改善人际交往技能的反馈，你会说什么？为什么？（变形：用其他词替换"改善人际交往技能"。）
- 如果你正在为公司档案馆建一份相关主题的文档，你会收录哪些令人难忘的事件或关键时刻？
- 作为公司的高层管理者，这次演讲让你想到了哪些其他问题？
- 视频（报告或演讲）里呈现的内容与你们单位的现实有何差异？
  追问：有哪些相同之处？
- 如果不对会议结果采取任何行动的话，将带来什么后果？
- 这个问题的哪些方面在你们单位是不可以讨价还价的？
- 什么样的核心价值观可以支持我们今天所讨论的内容？
- 你认为本次演讲中最有用的部分是什么？
- 如果你在自己部门尝试报告中建议的方法，预测一下会发生什么？
- 这对你在该领域的最佳实践有何启示？
- 这份演讲稿或文档为你们团队或组织的当前状况提供了哪些建议？
- 你们组的织想从中得到什么？你个人想从中获得什么？
- 根据这份演讲提供的信息，你能为自己单位得出哪些结论？
- 你认为让这里运作有效的指导原则或经验法则是什么？

追问：适合你们单位吗？
- 你们单位有哪些问题与演讲的内容相似？

  追问：哪些问题是不同的？
- 今天上午讨论的哪些内容能为你们单位带来积极的影响？
- 这种方法会给你们单位带来哪些潜在的结果？
- 视频展示了哪些你们想接受或避免的职场价值理念？
- 你们单位会何时以及如何处理这类问题？
- 报告中的哪个结论对你们单位最有指导意义？

  追问：是什么让这个结论有意义？
- 这是演讲者上午要提到的三个关键点。听报告时，请思考你会如何针对每个关键点为本单位打分。

  提示：将其写到大白纸上，便于在演讲过程中做笔记。

更多聚焦于组织的"那又如何"类提问：

_____

_____

主题：个人

- 这一方法让你回想起哪些过往的经历？
- 这些建议是怎样与你们在该领域的项目相契合的？
- 对你来说，这一切是如何契合在一起的？
- 如果由你来做演讲，你会有什么不同的做法？
- 这段学习经历对你的生活有什么意义？
- 本次讨论对你目前的工作环境有何影响？
- 在你看来这些想法与什么有关？
- 对于你这个位置的人来说，你认为这种方法的复杂之处体现在哪里？

- 这些信息对你和你的同事有什么启发?
- 尝试文中提到的方法将带来哪些好处?
- 当回顾这次演讲时,你会想到哪些现实(日常或生活)中的问题?
- 影片中有关领导力的价值观对你有什么影响?

  追问:谁还看到哪些不同的?
- 当初加入这个团队时,你有过哪些希望与期待?

  追问:它们在多大程度上被实现了?
- 以下哪些有关组织的指导原则同样适用于家庭?

  追问:它们是怎样适用于家庭的?请举例说明。

> 洞察往往在不经意间产生。人们突然打破某个想法、行动或社会结构的常规解释方式的时刻是无法被提前预测的。当人们在思考某个问题时,突然对某个看似不相关的领域产生顿悟并不罕见。
>
> ——布鲁克菲尔德,1987年

更多聚焦于个人的"那又如何"类提问:

_____

_____

_____

▷ 现在怎么办 / 应用类提问(行动)

应用类提问(图5.5)通过建立拥有感以及规划与执行促进个人与组织的改变。以下给出的"现在怎么办?"类提问可以归为四个维度:个人改变、组织变革、建立拥有感以及规划与执行。

让提问更有效

```
       什么?
       观察类提问
   行动 ↗         ↘ 观察
                    
  现在怎么办?    那又如何?
  应用类提问     意义类提问
       ↖         ↙
          反思
```

图 5.5 "现在怎么办"类提问

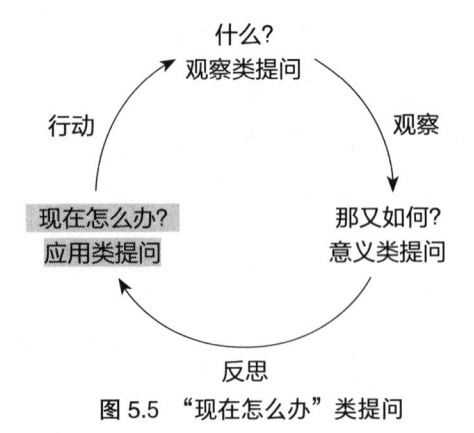

主题：个人改变

- 作为今天参会的结果，你打算做的一件事是什么？停止做的一件事是什么？继续做的一件事是什么？

  提示：将这三个问题作为研讨会日记的框架。

- 在日记中列出你能在生活中做出的三个减少当前困扰的改变。
- 回顾一下你在做需求评估时想得到的结果。你从这一过程中得到了所需吗？你的下一步是什么？
- 根据你的经验和报告中的结论，你会给刚踏入这一领域的新人提些什么建议？
- 请在纸上写下你最渴望做出的两个改变。然后，将其放进信封，封好并写上你的地址。我会在三个月后把它寄给你们，以此作为对你们所做承诺的提醒。
- 从大处着眼，列出所有的可能性选择。
- 为了学以致用，你回去后能做的一件事是什么？

  追问：你需要什么支持？

  提示："回去"可以理解为回到工作或生活中，使用时要明确说明。

- 作为一名领导者，你希望自己拥有的一项品格是什么？

追问：你会如何开始实现这一目标？
- 你要把从这里学到的哪一项用到个人的生活中？

  追问：这将给你带来什么改变？
- 参加完本次会议，你会做一件什么不同的事？

  追问：你会从哪里做起？
- 你想在工作中多做一点的事情是什么？

  追问：你想在工作中少做一点的事情是什么？
- 你现在看到了哪些过去看起来不是很明显的可能性？
- 你会如何应用从本次经历中学习到的收获？

更多聚焦于个人改变的"现在怎么办"类提问：

_____

_____

主题：**组织变革**

- 你能回忆起组织过去面临的哪些类似情况？

  追问：如果能的话，我们要如何适应现在的情况？如何在过去的基础上发展？如何从上次做过的事情中获得学习？
- 你将如何把从这次经历中学习到的收获用于组织中？
- 基于刚才的讨论，你会在日常工作中做出哪些改变？
- 这一改变会对员工造成多大威胁？

  追问：为什么会有威胁？我们要怎样帮助员工做好改变的准备？
- 你需要在组织中创造哪些条件才能成功实施想要的改变？
- 回到工作中，为给组织带来积极的影响，你要采取的一小步是什么？

  追问：何时行动？如何让其他人知道你做到了？
- 就从这里听到的事情而言，有哪一件事是你不想在组织中看到的？

让提问更有效

追问：如何防止它发生？
- 为使其在组织中发挥作用，你们需要做些什么？

更多聚焦于组织变革的"现在怎么办"类提问：

_____

_____

_____

主题：建立拥有感

- 组织中是否存在影响我们实现目标的潜在或显性紧张人际关系？
  追问：为了防止以后出问题，我们现在要如何解决它们？
- 在这个过程中，我们何时应与那些未直接参与但可能影响计划实施的人进行协商？
- 你将如何运用从这里学习到的收获，在你的部门中培养大家对改变的归属感？
- 我们要如何与组织中的其他部门一起为客户计划建立"共享的思维"？
- 我们要如何将此计划的所有权从该小组转移到整个组织？
- 是否有本来应该参会，但缺席了本次会议的人？
- 我们要采取哪些方法激励人们在下一步与我们合作？
- 你目前参与的哪些计划可能受此变革的影响（或有助于变革的成功）？
  追问：你要如何跟进这些信息？
- 未来最乐观的结果是什么？
  追问：最悲观的结果是什么？
- 在组织中实施这些改变时，你估计问题点会出在哪里？
  追问：为做好解决潜在问题的准备，你需要做些什么？
- 谁已经接受了这种方法？
  追问：谁只是部分认同？谁压根就不接受？如何确保我们需要的人

第二部分 问什么

　　都认同这一方法？我们可以采取什么行动让他们接受？
- 在你们单位，谁负责领导与此相关的事情？

　　追问：如何让他们参与并支持我们在该领域的工作？
- 谁可能因为采用这一新方法而被排除在外？如果有的话，我们能做些什么来帮助他们？
- 截至目前，我们要感谢谁的参与和贡献？

更多聚焦于建立拥有感的"现在怎么办"类提问：

_____

_____

_____

主题：规划与执行

- 根据你学到的知识，你能采取哪些具体行动以确保正在进行的变革顺利进行？
- 是否需要谁来批准，你才能继续实施这个计划？

　　追问：如果是这样，你将如何获得批准？
- 如何确定实施此计划的最佳节奏？
- 你想找哪位关键人物加入并帮助你实施这项计划？

　　追问：你为什么选择他？如果他不合适，还有其他人可以提供同样的见解和经验吗？
- 未来一年，我们如何知道自己是否取得了成功？
- 既然决定已经做出，那接下来的三个月里，这对我们团队（组织）会产生哪些影响？

　　追问：六个月呢？一年呢？两年呢？
- 考虑到我们的组织结构，它能支持我们要实现的目标吗？

　　追问：它会如何妨碍我们的计划？

让提问更有效

- 回到单位应用所学时要注意些什么？
- 我们想要得到的主要结果是什么？

  追问：次要结果是什么？

- 在前进的过程中，我们需要注意什么？
- 接下来，哪些因素会驱动或支持你实施该计划？

  追问：哪些限制性因素会阻碍你实施计划？

- 从以往在不同组织环境里实施计划的经验中，我们学到了什么？

  追问：如何借此经验为现在的计划铺平道路？

- 我们要用哪些信息证明自己实现了目标？

  追问：我们应该与谁沟通相关信息？

- 关于如何采取下一步行动，人力资源审计报告能告诉我们什么？

  追问：谁能运用职位权力支持该项挑战的解决？（变形：用"个人经历"或"获得财务资源"等替换"职位权力"。）

- 我们每个人都能做的一件支持该方法实施的事情是什么？
- 实施该计划内容的最佳顺序是什么？
- 我们要用怎样的人力和财力资源支持这项工作？
- 我们从别处学到了哪些能用到即将开始的项目的有用经验？
- 实施该计划时，你可能会遇到哪些权力关系因素？

  追问：要如何预测和应对这些因素？

- 在这项计划中，有哪些会加剧关键利益相关方之间紧张关系的风险？

  追问：在这项计划中，有哪些会缓解关键利益相关方之间紧张关系的机会？实施计划时，我们希望如何应对潜在的紧张关系？

- 我们团队具备哪些支持该项计划实施的技能和经验？

  追问：若要成功，我们还需要哪些额外的技能与经验？

- 为成功实施计划，你们需要具备哪些专业技能或知识？
- 我们每个人的义务是什么？（变形：可以用"责任"替换"义务"。）
- 我们的前三大客户群是谁？

追问：我们要做什么以更好地服务他们？

- 在我们单位，谁有权执行这项计划？
- 谁负责做与实施变革相关的沟通？（变形：用其他词如"监测与评估"或"更新"替换"沟通"。）
- 如果我们要把这事做成，需要谁发挥影响力？

更多聚焦于规划与执行的"现在怎么办"类提问：

_____

_____

_____

常见挑战

以下真实案例介绍了在激发行动时刻意提问的情形。

▷ 网络联盟会后的支持行动

挑战：我可以提什么问题为全省绿色环境网络联盟会带来面向行动的结果？

答复：在这类网络联盟会议中，有时候教一下"什么—那又如何—现在怎么办"的提问框架，有助于提高人们对如何用议程促进行动的认识。通常只需要十几分钟。总的来说，参与者会很喜欢学习这个提问框架，并能在许多个人和工作场景中使用。

当参与者了解了这个架构后，你便可以用它结束会议并开启后续的讨论步骤。

❓ 让提问更有效

什么？

- 就目前所强调的……而言，本次会上哪些内容引起了你的注意？

那又如何？

- 这一观察是如何与我们当前目标相吻合的？

现在怎么办？

- 就今天的所学而言，作为……，这将对我们产生哪些影响？
- 为了支持联盟当前所强调的……，作为联盟成员，接下来一个月里，大家都能做的一件事是什么？

▷ 用结构化方法做反思与行动

挑战：与我合作的团队不擅长对话。每当看完报告后，他们总是争论、辩论和装样子，从来不真正探讨有什么收获或要采取什么行动。针对这种情况你能提哪些有帮助的问题？

答复：使用3W框架提出明确与聚焦的问题。尽可能多地为人们创造在小组内交流的机会，从2或3人小组再到所有人的大组，分阶段帮助人们达成共识。

> 我们不善于平衡主张与探询。很多人都被教育成好的主张者。虽然说服并没有错，但主张立场往往会带来对抗。此时，冲突的思想并不能带来更多的有用信息。
>
> ——斯坦菲尔德，2000年

什么?

- 在三人小组里：你在报告中看到了哪些贯穿其中的结论？分享个人观点，小组就前两点结论达成共识。

那又如何?

- 该结论与你作为高级管理者的经验相符吗？举几个例子来说明你的观点。
- 从1到5分打分，1分表示很不一致，5分表示很一致。你们单位的情况在多大程度上与这些结论相吻合。请给出一个理由。

现在怎么办?

- 根据报告的结论，你们可以做一个什么改变，为员工带来积极且重要影响？

▷ 讨论与制定影响组织政策的决定

挑战：我们正在为全国心脏健康组织即将召开的高层会议设计新烟草立法影响力的讨论方案。讨论前一天我们会拿到这份文件。要使用哪些问题讨论法律文件和指导人们做决策？

答复：会前一天通知与会者，要求他们在第二天讨论前读完收到的法律文件。尽你所能（比如推迟其他会议或活动），确保每个人都有时间阅读、思考和记录法案的潜在影响力。开始讨论前，再给大家5—10分钟回顾前一天的笔记，用以准备回答第一个问题。

使用本章的3W提问框架设计你的问题。

让提问更有效

什么?

- 基于你的经验,你首先想到了法律文件中的哪些词?
- 读第一遍时,哪些内容引起了你的注意?

那又如何?

- 考虑到我们的新投资项目,该法案的特别之处体现在哪里?
- 该法案将给社会带来怎样的影响?有哪些潜在的积极社会效益(如增加就业)会超出我们的预期?
- 哪些影响会对我们有利?这些影响将如何发生?

  追问:哪些影响会带来问题?又将怎样发生?

现在怎么办?

- 对于该项立法,我们有哪些可选的行动?
- 我们将采取哪种行动?
- 能给我们这些非政府组织带来积极结果的第一步是什么?

▷ 应用研究(知识转化)

挑战: 我在一家国家级智库工作,该智库负责撰写供国际会议上相关组织高级领导人审阅的论文。过去我们只是简单地做研究和写论文,然后组织工作坊与讨论会。如今我们的客户有更多需求。他们更加注重知识在工作中的转化(即缩小知道与做到之间的差距)。为激发客户讨论并帮助他们应用文中的结论,可以提哪些问题?

答复: 听起来,你们的智库正在从单纯地提供信息,转向鼓励客户高层领导探索并应用相关内容。这里介绍的是基于"什么—那又如何—现在怎么办?"架构的提问方式,你可以根据团体规模,通过多种形式(如大组、小组、任务分配或演讲准备等)带领人们进行讨论。

什么?

- 说说你读完报告后的第一反应。

  追问:谁还有这种反应?这种反应源于什么?

- 如果请你为论文增加一章,你会放哪些内容?
- 读完这篇文章后,从你头脑中浮现出的一个问题是什么?

那又如何?

- 该论文是否考虑到你们单位目前所处的社会与政治环境?
- 接下来六个月里,如果你们按文中结论采取行动,会出现哪些与你们的底线相关的风险?
- 如果你能与论文作者共进私人午餐并向他请教的话,你会问的两个具体问题是什么?
- 文章结论是如何反映出你在这方面的经验的?

  追问:又是怎样未能反映出你的经验的?

- 你的经验是否与作者相似?请解释一下。
- 想想你所在领域中令人尊敬的领导者,他们会如何看待这篇论文?

  追问:你希望与他们讨论文中的哪些内容?为什么?

- 考虑这项研究与你们单位的关联性,经验和直觉能告诉你什么?
- 生活中有哪些真实的家庭问题与本文论述的内容相关?
- 考虑一下像你们这样的组织,这些建议是否利大于弊?

  追问:你是怎么知道的?

- 考虑组织当前所面临的问题,这些结论是否有相关性?

- 该论文的发表将对你们所在的领域带来哪些影响?

  追问:为什么它的发表很重要或不重要?

现在怎么办?

- 在此讨论的基础上,你们能做的一件给组织带来显著好处的小事是什么?
- 你认为这份研究报告的结论在短期内会给该领域带来哪些影响?

  追问:从长远看,可能的影响又有哪些?
- 通过阅读和与同事讨论该文章,你获得的一项见解是什么?

  追问:这一见解会如何成为你们组织变革的催化剂?
- 报告中的结论和建议反映出你们单位的哪些真实情况?

  追问:你会如何根据这些结论和建议采取行动来改善组织的运营?

▷ 职场压力:个人改变

挑战:我即将要为工会干事们主持一场压力管理工作坊。在像我们这种大男子主义盛行的职场环境中,这个话题非常敏感。大家刚做过一份个人压力调查问卷。我怎样才能让他们坦诚分享自己的得分,并制定提升自己压力应对能力的策略?

答复:首先,正常看待测试得分,意识到每个人的经历与处理压力的方式是不同的这一事实。其次,强调无法完全避免压力,它是每个人生活中正常且可预见的部分。再者,公开自己某个时期的压力得分是很有压力的。

另一种有帮助的做法是让人们暂时离开会场,以匿名的方式将所有人的得分挂在墙上。用这种直观的方式能有效激发人们讨论。

无论采用哪种方式，之后都可以使用"什么—那又如何—现在怎么办？"的提问框架带领大家讨论。

什么？

- 看到个人结果时，引起你注意的是什么？
- 这个得分让你印象深刻的是什么？

那又如何？

- 这个得分说明你现在生活中经历的痛苦有多大？

  追问：这份痛苦可控吗？

- 在休假和压力管理方面，你知道别人做过的你也想做的一件事是什么？

  追问：什么阻碍着你没能这么做？为了实现这个目标，你需要哪些支持？

- 你的得分是多少？

  追问：就你当前的工作与生活状况而言，这个得分意味着什么？

现在怎么办？

- 考虑到自己的家庭情况，你现在或未来24小时内，能做的一件可以减轻生活中的压力的小事是什么？
- 为了开启这一改变，你个人要做的第一件事是什么？
- 你会期待谁支持你做出这一改变？

  追问：他需要做什么才能支持你的决定？你会如何与此人谈论你想做出的改变？

第 6 章

批判性思考的提问

有效提问是批判性思考的一个重要组成部分,它涉及对事情处理方式及其背后原因的探究。批判性思考能够带来更深层次的理解,它基于开放的心态、积极的探究以及对事物更高的觉知和敏感度。

批判性思考是一项涉及解决复杂问题的关键技能。它本身不一定直接促成行动,但确实有助于对情况进行更透彻的理解,而这是采取有效行动的基本前提。引导者可以在多种情况下鼓励参与者开展批判性思考,例如:

- 参与者质疑为什么事情要这样做
- 参与者在遇到权力不平衡的情况时,对他人的处境更加敏感,或者更容易留意到自己与他人的感受
- 有必要就某个问题听取各方意见,制定可选策略,探索多种做事的方式
- 你希望提高参与者的意识,让他们意识到处理问题的方式与特定背景和时间点密切相关

> 批判性思考需要深入本质。

批判性思考能激发团队成员共同学习。鼓励参与者探索个人关于某个主题的经验、想法、假设和信念，以此来发现自身具有的与主题相关的真相。

> 来吧，我们先建一座镜子工厂，明年只生产镜子，然后好好地照一照自己。
>
> ——布拉德伯里，1950 年

迈向批判性思考的第一步是提出深思熟虑的问题："反思性怀疑并不是彻底的愤世嫉俗，也不是对所有新事物的轻蔑和拒绝。确切地说，这是一种信念——关于某种思想或实践的普遍有效性和适用性主张，必须经过对每个人经验的仔细检验。它对不加批判地接受创新、变革或新观点持一种谨慎态度。这不等同于对变革的抵制。"（布鲁克菲尔德，1987 年）

例如，加拿大安大略省美术馆曾使用批判性思考的问题鼓励观众从多个维度思考艺术作品。以下是在 2001 年 3 月的裸体艺术品展览中出现过的两组问题。

"谁来决定什么是美？裸露的身体总是色情的吗？谁定义了女性或男性的特质？"（附近陈列着朱尔斯·帕坎、基斯·范东恩、奥古斯特·罗丹、阿尔贝托·贾科梅蒂等大师的绘画和雕塑作品。）

"女性作品必须是裸体才能进入大都会艺术博物馆吗？现代艺术领域只有不到 5% 的女性艺术家，但有 85% 的裸体作品是女性。"【1989 年的《女游击队员》（Guerrilla Girls）海报上侧身躺着一位头戴大猩猩头的裸体女性。】

> 对真理的承诺并不意味着寻求"真理",即绝对的最终话语或原因。相反,这是一种坚持不懈地要根除我们限制或欺骗自己看到事物本质的意愿,并不断挑战我们探寻事物为何如此存在的理论。这意味着要不断扩展我们的意识,就像拥有广阔周边视觉的伟大运动员不断尝试"看到更多的比赛场地"一样。
>
> ——圣吉,1990 年

过程框架

批判性思考的过程框架(如图 6.1)包括四类问题。每类问题包括三个视角:个人、团队或组织、更广泛的背景。尽管这四类问题可以按照会议流程的顺序思考,但实际上它们可以在不同的时间以不同方式出现。

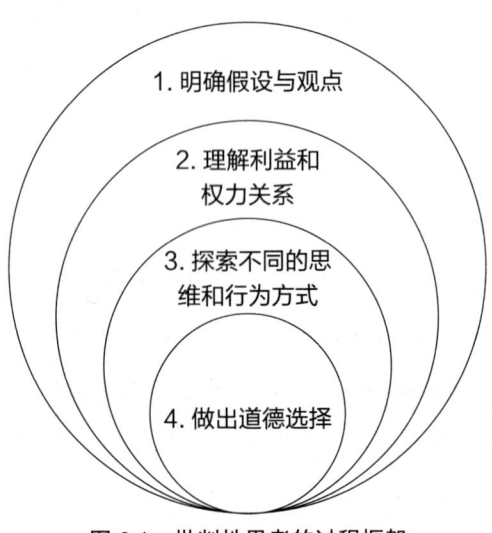

1. 明确假设与观点
2. 理解利益和权力关系
3. 探索不同的思维和行为方式
4. 做出道德选择

图 6.1 批判性思考的过程框架

> 关于这些问题和活动，尽管可能有许多错误答案，但没有正确答案。这些问题并非测试，其价值在于它们激发的自我探索和所引发的讨论。
>
> ——斯科尔特斯，1998 年

过程框架的价值在于它提供了一个基本结构来帮助引导者适应不断发展的动态。前一章的过程框架侧重于激发行动，而本章的重点是反思，它可能不会直接带来任何具体行动或决策。会议的目的可能仅仅是反思某种情形并理解利益相关方的观点。

如前言所述，尽管本章中的问题是为会上口头互动所设计，但它们也同样适用于书面形式。

开启批判性思考的问题指南

这里给出的指导意见能帮助团队引导者使用过程框架创建支持批判性思考的氛围。

花时间仔细反思某种情况并进行深思熟虑的对话，并非让每个人都感到舒适。有些人（比如那些在紧急情况下工作的人）可能认为这类问题是在浪费时间，它们只是在探索显而易见的东西，人们应该继续采取行动。其他参与者（如那些倾向于精神或哲学探索的人）可能会发现，花时间反思对于建立前进的坚实基础至关重要。

- 为参与者营造一种舒适的氛围，在这种氛围中，坦率和批判性反思是合作的重要准则。支持性的氛围允许人们进行批判性思考（见第四章）。

让提问更有效

- 在提出让人们进行批判性思考的问题时，要密切留意与你的目标相关的细微差别。在那些深刻、有针对性地聚焦于结果讨论的问题和漫无目的或模糊的问题之间有一条微妙的界限。当涉及批判性思考时，参与者必须感到讨论的节奏和重点与预期的结果相适应。

- 支持那些提出难以应对或令人尴尬的反思性问题的参与者。"这些是重要的问题，可能会让我们感到不舒服，但这可能是一个我们应该思考该问题的信号。""让我们进一步探讨这种可能带来建设性讨论的紧张关系。"

- 通过对新观点持开放态度，挑战假设，欢迎多样性和其他思考方式来示范批判性思考。

- 使用积极与消极事件和情境来开启批判性思考。如果你只使用消极事件，那会让参与者得出批判性思考只能起到消极作用的结论。相反，考虑诸如："昨天的会议高效、有趣且富有成效。我们做对了什么，让会议如此成功？"

- 探索团队成员不同观点背后的假设（"当你用这种方式表达立场时，你实际上是做了哪些假设？"）。

- 让参与者透露和讨论事情在理想和现实运作之间的差异（"这段视频展示了实施组织变革的理想情况。与你们组织中的日常现实相比，它看起来如何？"）。

- 给参与者机会，让他们通过与他人交谈、阅读文章等方式来思考正在讨论的内容。

- 从具体到一般。如果你先从具体情况开始提问或讨论，然后再探讨更广泛的意义，通常会让参与者更适应批判性思考。举个例子，你可以拿一篇最近报纸上关于抗议活动的文章（它以某种方式与该团体有关），然后问大家："关于我们正在讨论的问题，你会公开抗议什么？"

- 批判性思考需要深入本质。提出那些能够澄清或揭露在特定情况下谁的利益会得到满足的问题。探索谁会因你们正在考虑的变革而受益或受损。
- 最有价值的批判性反思会涉及风险。作为引导者,我们必须遵守职业道德义务,向团队成员、参与者和客户指出各种变革尝试可能涉及的潜在风险,这些变革产生于针对某种情况所进行的深入批判性审查。与你的客户或主管共同检查工作坊的设计方案,确保他们能适应在探索有批判性思考元素的问题时所涉及的风险。
- 批判性思考需要时间,特别是对新手而言。人们需要测试性地感受一下想法,探索他们的假设和价值观与方法和立场的关系。放慢节奏,确保你的日程安排中有足够的时间来支持有效的批判性思考,这样人们就不会感到匆忙。参与者需要时间来探索彼此的兴趣和想法,并作为一个团队在某个问题上成熟地进行批判性思考。

> 一旦激发,就要腾出时间来酝酿。
> ——麦克·汤姆林森

- 知道何时停止思考并转向行动。批判性思考可能会持续下去,将人们带到一些非常有趣但毫无结果的地方去。因此,它可能成为一种有意或无意避免做决定或采取行动的策略。

问题库

无论你是在会前想好问题,还是在现场提出,批判性思考的过程框架都能帮助你做好准备,并拥有一个向前推进的概念框架。

让提问更有效

▷ 明确假设与观点

批判性思考使参与者能够意识到团队其他成员的想法，他们对正在讨论的话题所持有的假设是什么，以及自己的观点和其他人的是如何相符或不相符的。图 6.2 中的问题有助于在团队背景下让假设和观点更加明确。

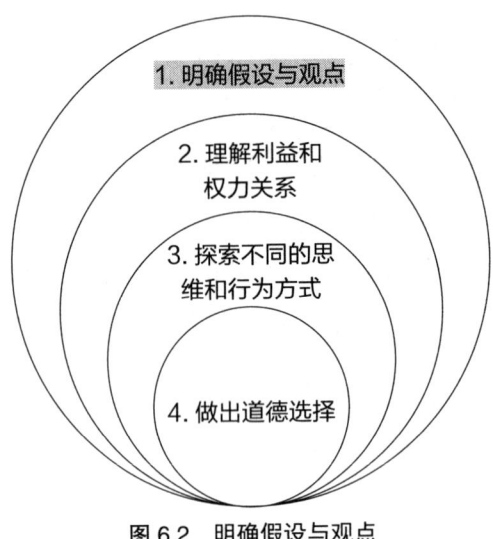

```
1. 明确假设与观点
2. 理解利益和权力关系
3. 探索不同的思维和行为方式
4. 做出道德选择
```

图 6.2　明确假设与观点

主题：个人

- 别人如何看待你的目标？

    追问：你是怎么知道别人的看法的？

- 作为该工作组（组织、公司或团体）的成员，你的个人风格对你的角色有什么影响？
- 当你听到**忠诚度**这个词时，会想到什么？
- 关于这个问题，你确切知道的自己的观点是什么？

    追问：你知道其他人对这个问题的确切观点是什么？

- 是什么形成了你对……的看法？

- 你对这次会议的结果有什么不言而喻的假设？
- 客户对这个问题的看法是什么？

  追问：如果你能描述客户的观点，问："我是怎么知道这一点的？"或者，"我怎么才能确认这一点？"如果你无法说出客户的想法，问："我为什么不知道？"

> 我发现意见分歧源于不同的假设。为了处理这些差异，我们需要检查这些假设背后的事实。
> ——费利佩·阿方索，亚洲管理学院

- 关于……，你的底线是什么？
- 日常工作中，哪些活动让你对目前的职位感觉良好（或不好）？

  追问：为什么这些活动让你感觉良好（或不好）？你能做些什么让自己持续对工作感觉良好？

- 主管的哪些行为让你对其有好感？

  追问：哪种行为让你对主管感到不安或不舒服？

  追问：将回答整理成一份有关主管健康行为的检查清单。

更多聚焦于个人的明确假设与观点类提问：

_____

_____

主题：团队或组织

- 在你看来，我们的组织文化、日常实践或工作方式的主要特点是什么？

  追问：哪些实践让你感到舒适？哪些让你感到不舒服？我们环境中

的哪些因素有助于塑造这些实践?
- 我们是如何应对顺境的、如何应对逆境的?（变形:用"沉闷的……"和"令人兴奋的……"等词替换句中的"顺境"或"逆境"。）
- 你就公司的使命和价值观等话题发表想法的频率如何?

  追问:你在自己的直属团队中说你的想法吗?在职业社群中说吗?在更大的社群中呢?你的想法会带来哪些影响?
- 假如你作为外部顾问被邀请来评估董事会成员过去两年的表现,你会考虑董事会的哪些表现?

  追问:为什么?
- 个人在组织中的经历往往反映出需要解决的更广泛的组织问题。作为管理者,你的哪些经历显示了需要解决的更广泛的组织问题?
- 哲学家尼采说:"没有事实,只有解释。"你认为关于我们组织的哪些普遍被接受的事实也可以被视为解释?请解释。
- "放眼全球,立足本地"这个口号如今被广泛使用。它与你的组织有什么关联?

  追问:为什么有或为什么没有关联?有哪些例子可以支持你的立场?
- 在这个问题上,你的团队成员可以采取的所有立场是什么?
- 关于我们如何合作的哪些假设需要改变?

  追问:在这些假设中,有哪些需要勇气去解决?这种对勇气的需求会如何影响我们的行动?
- 我们组织的哪些假设是这种方法（问题或决策）的核心?

  追问:你同意这些假设吗?
- 我们应该使用什么标准决定谁参与这个问题的特别小组?
- 你认为负责……的人需要从……那里听到什么,才能对组织的未来方向做出明智的决策?用一句话总结你的意见。
- 现在组织中发生的什么事让你对未来感到乐观?

  追问:现在组织中发生的什么事让你对未来感到悲观?

- 在你的工作环境中,有哪些因素给你和团队带来了压力?

  追问:如果你是负责人,你会做什么来减轻压力?你认为这种情况是如何产生的?

- 在你的脑海中,哪两个关键事件或时刻可以定义或展示你们组织的运作方式?请解释。

- 如果该组织继续当前的路径与策略,你对其未来三年的样子有什么好的猜测?

- 当你考虑这家公司(集团或组织)的未来时,你认为自己更倾向于乐观还是悲观?

  追问:为什么?

更多聚焦于团队或组织的明确假设与观点类提问:

_____

_____

_____

> 没有什么比思考更放荡不羁的了,
> 这种放纵就像风中的野草在雏菊地里疯长。
> 对于那些思考的人来说,
> 没有什么是神圣的。
> 厚颜无耻地指名道姓,
> 疯狂、放荡地追求赤裸裸的事实,
> 粗俗地对敏感话题,
> 激烈的争论——这对他们来说就是音乐。
>
> ——辛波丝卡,1995 年

让提问更有效

主题：更广泛的背景

选择一份具有明确观点的报纸、期刊文章、录音带或广播采访，让参与者考虑以下问题：

- 这些观点与你的想法相同还是不同？
- 文章中的观点反映了一种还是多种观点？
- 你是否知道文章中没有提供的重要信息？
- 文中所提供的信息是否支持文章的主要观点？
- 语言或术语是否表现出某种特定的偏见？
- 文章是如何使用统计数据的？这些统计数据有效与否？
- 文中信息来源的合法性如何？
- 文章是如何使用信息的？它是否支持某个特定观点？
- 你对文章的总体印象如何？
- 谁为表达这些观点付出了代价？
- 谁从这些观点中受益？（汤姆林森和斯特拉坎，1991 年）

考虑以下这段话："对政治决策、行动和结构的正确性与合理性提出令人尴尬的问题，是对政治世界进行批判性思考的关键（布鲁克菲尔德，1987 年）。""关于我们国家的种族主义，需要问哪些问题？"（变形：用其他词替换"种族主义"，如"医疗""基础设施""青少年罪犯""残疾人通道""滥用"或"社会支持基金"。）

- 我们组织中的问题如何反映整个社会当前的趋势与关切？
  追问：我们对这个问题的回答支持还是阻碍了我们的工作方式？是以何种方式发生作用的？

给参与者一篇包含你们正在讨论的问题的统计文章，然后选择以下问题来激发观点和讨论：

第二部分 问什么

- 我们正在讨论的这个观点是提供了一个你所见的世界模型,还是你希望世界成为的样子?
- 你们组织中的高级管理层如何解读这些统计数据?(变形:用"原教旨主义教会的牧师""正在竞选连任的政客""当地倡导团体的负责人"或"一家小报的记者"来替换"你们组织中的高级管理层"。)
- 我们的利益相关者(高级管理层、客户或盟友)会如何解读这些统计数据?
- 这些统计数据对你意味着什么?(汤姆林森和斯特拉坎,1991年)
- 当前环境中的哪些因素支持我们现在的合作方式?

  追问:当前环境中的哪些因素对我们的合作方式构成了挑战?

- 当你听到"贫穷"这个词时,你脑海中首先想到的词或短语是什么?

  追问:这些词和短语是如何反映你对我国这一问题的看法的?(变形:用其他词和短语替换"贫穷",如"犯罪""老年人""财富""无能"或"最佳实践"。)

- 我们国家对这一问题的普遍看法是什么?

  追问:你同意这些看法吗?为什么或为什么不?你知道谁持有这样的看法?

- 在这里起作用的潜在力量是什么?

  追问:考虑到我们的情况,有什么要关注的吗?

- 关于这个问题,你从媒体上听或看到过哪些相关的比喻?

  提示:举一个与讨论主题无关的比喻的例子,例如电视迷、无情的资本家、痴心妄想的自由派。

- 关于这个问题,你常在大众媒体上看到哪些观点?

  追问:你在多大程度上认同这些观点?

- 当历史上的佛陀走出宫门时,他发现外面有许多等待他发现的伟大真理和意义。我们的"宫门"是什么?

  追问:我们需要到"宫门"之外去更多地了解什么?

❓ 让提问更有效

更多聚焦于更广泛的背景的明确假设与观点类提问:

_____
_____
_____

▷ 理解利益和权力关系

本节中的问题(见图 6.3)能让团队探索和理解谁的利益是讨论的核心,以及权力是如何影响观点、决策和结果的。鉴于这些问题的性质,请特别注意你的表达方式(肢体语言、语调或语气),以便让提问尽可能地中立。

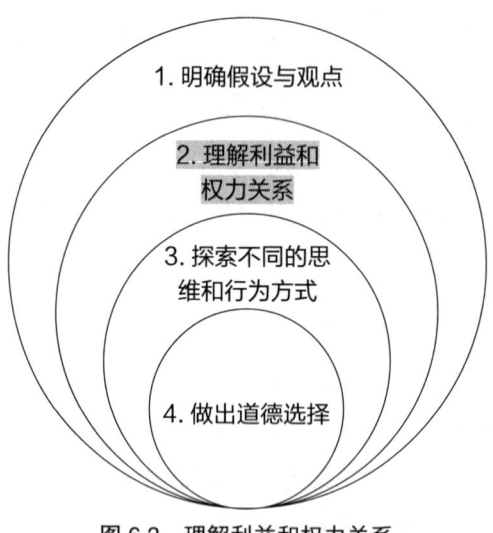

图 6.3 理解利益和权力关系

1. 明确假设与观点
2. 理解利益和权力关系
3. 探索不同的思维和行为方式
4. 做出道德选择

主题:个人

- 考虑到每个成员的专业知识和组织提供的支持性资源,谁应该对哪些任务负责?

- 想一下这个组织（部门）中最具影响力和职权的领导者。你最认同谁？为什么？
- 在这个问题上谁有过类似的经历？（变形：用其他词替换"有过类似的经历"，如"已成功解决"或"已研究过"。）
- 在这种情况下，谁可能会被利用？

  追问：为什么会发生这种情况？
- 若让事情保持原样，谁会从中受益？
- 谁会从保持现状中受益？

  追问：谁会因此受损？（变形："谁会从我们正在考虑的变革中受益？""谁会受损？"）
- 谁会因为参与或支持这个项目而在形象或地位上发生变化？

  追问：说说可能的变化及其对这些人的影响。
- 在这种情况下，谁的利益得到了满足？

  追问：这是如何发生的？有什么影响？
- 在这种情况下，谁的利益没有得到满足？

  追问：这是如何发生的？有什么影响？

更多聚焦于个人的理解利益和权力关系类提问：

_____

_____

_____

> 从社会政治的角度来看，批判性思考需要具备提出尴尬问题的习惯与能力。比如："为什么我所在的大学里几乎所有教员都是白人，而所有服务人员几乎都是黑人或拉美裔"，或者"当我们也在私下做着同样的事情时，政府怎么能谴责其他国家向某国运送

· 123 ·

让提问更有效

> 武器是错误的"……批判性警觉还意味着能够在个人情况（如关闭当地卫生机构，取消农场抵押赎回权，或城镇街头流浪者增多）与更广泛的公共事件（削减卫生服务预算，取消农场补贴，或实施社区心理健康政策从而减少精神病患者的住院护理）之间建立联系。
>
> ——布鲁克菲尔德，1987年

主题：团队或组织

- 请回答：在形式上，我们组织的权力属于……但实际上，组织的真正权力属于……

- 请回答：如果能让……参与这个问题讨论，那就可以做出我们认为至关重要的改变。在我们的组织中，我们做决策时就好像……我们通过……做决策会运作得更好。

  追问：怎样才能让我们的第二种"假如"成为现实？

- 团队越是同质化，我们的想法就越集中，范围也就越窄。我们在哪些方面是同质化的？

  追问：我们在哪些方面不足？是否要做出调整来鼓励新想法的涌入？我们的想法有何相似之处？有何不同？在我们的组织中，信息作为权力来源的程度有多大（很多还是一点点？）

  追问：信息是如何被共享或保护的？

- 你能想到描述这个团队运作方式的第一个词是什么？

  追问：是什么让你想到这个词？举出具体事例。

- 在我们的组织中，人们最常争论的是什么？

  追问：这些争论有什么利害关系？

- 过去哪些关键事件帮助我们塑造了现在的组织方式？

- 你认为在你们组织中哪些信息应该是保密而不能外泄的？

追问：为什么这些信息要保密？
- 我们组织结构中的哪个方面运作良好？我们能做什么以确保它能够继续良好运作？

  追问：我们组织结构中的哪方面运作不良？我们能做些什么来改善？
- 当你思考自己的团队（组织）是如何运作时，从你脑海中浮现出来的主体颜色是什么？为什么会是这种颜色？

  追问：你希望的主体颜色是什么？请解释一下。（变形：用其他词和短语替换"颜色"，如"声音""汽车"或"动物"。）
- 当你听到"积极利用权力"这个词时，你会想到组织中的哪个人？

  提示：询问具体例子。
- 谁最有可能从这场危机（决策或变革过程）中获益？

  追问：在这次危机、决策或变革过程中，谁最有可能遭受损失？
- 假如你在接受商业杂志记者非正式的保密采访，记者问到："谁是你们公司真正的负责人"，你会怎么回答？

更多聚焦于团队或组织的理解利益和权力关系类提问：

_____

_____

_____

> 问题是最好的工具，可以帮助人们探索他们不知道的东西。
>
> ——多特里希和开罗，1999 年

主题：更广泛的背景

结合我省的……罢工事件，思考并回应以下引文。

已故社会学先驱之一埃弗里特·休斯（Everett Hughes）曾经观察到，专业群体与社会达成过一项协议。他们带来了关于人类重大事务的非凡知

? 让提问更有效

识，作为获取这些知识的回报，社会授予他们在其专业领域的社会控制权、高度自主的实践权，以及许可他们决定谁将承担专业权威。但在当前充满批评、争议和不满的环境下，该协议正在瓦解。当专业群体对非凡知识的主张如此受质疑时，我们为什么还要继续给予他们非凡的权利与特权？（舍恩，1987年）（变形：使用其他引文促进团队成员的批判性反思。）

- 根据你的经验，该计划一旦失败是否会对其他团体或组织产生影响？

  追问：如果会，为什么会这样？我们要怎样与有关各方解决这一问题（例如通过建设性对话）？

- 我们是否无意中给那些与我们相互依赖的人制造了麻烦？

  追问：这是如何发生的？为什么会出现这种情况？这种相互依赖对我们的公众和客户有什么影响？未来，我们如何防止这种情况再次发生？如果发生这种情况，我们要如何凭借相互依赖去应对它？

- 我们社区有关重大问题的决策是如何做出的（如采用共识、投票或领导决定）？

  追问：高风险决策的方式与其他决策方式有什么不同？人们对这种做法是否满意？

- 人们通常很难对他们认为重要的社会角色提出要求。当考虑国家的……问题时，你想向政府提出什么要求？

  追问：提此要求有什么风险？怎样让其他人也参与提要求？

- 我们组织成为这个领域强大领导者的好处（利益）有哪些？

  追问：这些利益是否与组织在该领域履行企业社会责任的国家承诺相符？我们组织在这个领域成为强大领导者的成本是什么？这些成本是否符合我们的财务底线？

  提示：避免对利益和成本做两极化的争论，探索它们之间的相互关系。

- 我们需要在社区优先事项和资源方面做出哪些谨慎的选择？

追问：什么价值观能指导我们做出这些选择？
- 我们与哪些组织相互依赖？

追问：我们是如何相互依赖的？这种相互依赖对我们有什么影响？这种相互依赖对我们的公众有什么影响？谁从这种相互依赖中获益最多？谁没有从这种相互依赖中受益？哪些组织或团体在我们的社区中享受特殊地位？我们如何相互担责？

更多聚焦于更广泛的背景的理解利益和权力关系类提问：

_____

_____

_____

▷ 探索不同的思维和行动方式

引导者需要提出问题，激发参与者在讨论挑战和问题时展现创造力。以下这组问题能鼓励人们探索可能性：采用新的方式处理旧情况，对挑战和困境采取创新的方法（见图 6.4）。

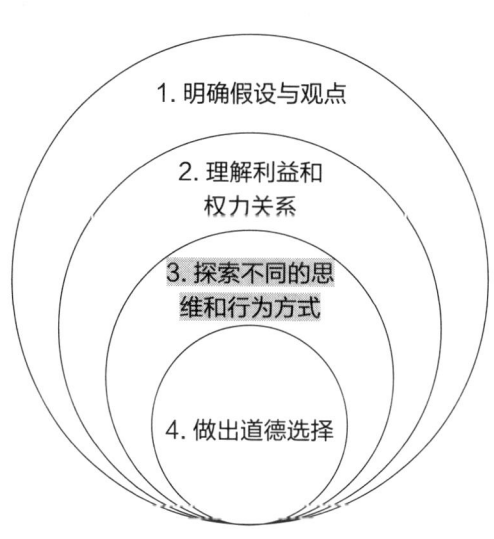

图 6.4　探索不同的思维和行动方式

让提问更有效

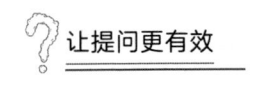

主题：个人

理想情景是对期望状态进行详细与具体的描述。通过提出和回答一系列问题帮助人们构建理想的情景，例如：

- 如果这个问题管得更好的话，那会是什么样？
- 我现在的生活方式会发生哪些变化？
- 我与周围人的相处会有哪些不同的方式？
- 哪些行为模式是目前不存在的？
- 目前存在的哪些行为模式将被消除？
- 会出现哪些现在不存在的东西？
- 会发生哪些现在没发生的事情？
- 我会拥有哪些现在没有的东西？
- 会做出和执行哪些决定？
- 会取得哪些现在没有的成就？（布鲁克菲尔德，1987年）
- 从物理空间、位置、工作时长、同事、薪酬、福利和压力等方面描述一个对你或该职位理想的工作场所。
- 如果让一个十岁的孩子解决这个问题，他会怎么做？
- 如果你是这家公司的总裁，你首先会采取什么行动来处理这种情况？
  追问：你的第二步行动是什么？
- 如果让你从该领域选择三位有声望的人或领导者加入这个工作组的话，他们会是谁？为什么？
  追问：你认为他们会建议采取什么行动来应对这种情况？
  提示：务必检查上一个问题可能带来的推断。
- 想象三年后的今天，这个问题得到满意的解决。与现在相比，发生了哪些不同的事情？
- 想象两年后的今天，我是你们行业内一家知名杂志的记者。我来采访你，了解你们是如何扭转困境的，以便其他处在类似情况的人能够从你们的经历中获得学习。请问,两年前你们面临的最大问题是什么?

追问:你们的决策涉及哪些风险?现在和两年前有什么不同?

提示:识别工作和个人生活中的差异。

- 想一想你们认为在组织中属于所讨论主题领域内的领导者。你认为他在这个问题上对你们组织有影响的立场是什么?
- 想想你在生活中实现的一个重要目标。哪些因素(个人特征、支持系统或态度)帮助你实现了这个目标?

追问:在这种情况下,这些因素对你有多大帮助?

- 想想你们组织中擅长批判性思考的人。在准备下一次会议前,与他讨论这个话题并询问他的见解。
- 想一想给你的生活带来重大影响的政治决策(如关闭学校、医疗系统的重大改革或义务兵役制度),说说对你生活的影响。分析一下政府期望从该项决策中获得的好处。从成本效益的角度来看,最终结果是什么?
- 我们解决这一问题的最佳意图是什么?
- 为了让自己对工作场所感觉更好,你要做的一件事是什么?
- 如果明天你成为公司的董事会主席,你会做的第一件事是什么?

追问:如果不是主席,你如何在接下来的几个月里取得同样的结果?

更多聚焦于个人的探索不同思维和行动方式类提问:

_____

_____

_____

_____

_____

让提问更有效

主题：团队或组织

- 画一条水平线，确保大家都能看到它，在最右边写上"最贵"，在最左边写上"最便宜"。向大家提问："沿着这条线，你能想到哪些不同的行动措施？"（变形：让参与者使用不同的极端标准构思想法，比如从"最冒险的"到"最保守的"。）
- 考虑所涉及的收益与和风险，我们采取行动的最佳时机是什么时候？
- 过去五年，我们组织的价值观是否发生过改变？如果是，怎么改变的？为什么发生了改变？
- 这种方法如何适应你们组织的文化，即做事的方式？
- 我们过去是怎么做的？得到了哪些对现在有帮助的收获？
- 让我们对照公司使命检查一下这份战略优先事项的初稿，看看它们是否相符。怎么样？还是需要我们做些调整？
- 想想我们正在讨论的情况。你认为组织变革专家会推荐哪些可能的方法？

    追问：解决问题的人有时会创造一个新工具或"锤子"，然后将很多情况都视为潜在的"钉子"。对于我们这种情况，这些方法中的哪一种可能像是一把合法的"锤子"？

- 如果组织不对当前情况采取任何措施，会有什么后果？

    追问：做出……决定的潜在后果是什么？

- 对于每一个备选方案，我们组织面临的风险（潜在的有害后果）是什么？
- 关于你所在组织对当前形势的反应，让你感到满意的是什么？

    追问：在你们单位对当前形势的反应中，让你感到失望的是什么？你想到了哪些替代方法？

- 考虑我们当前的市场渗透率，一年后我们的理想情况会是怎样的？
- 如果你对团队的运作方式做了一些重大改变，你会指望谁来支持你？

更多聚焦于团队或组织的探索不同思维和行动方式类提问：

_____

_____

_____

_____

主题：更广泛的背景

考虑如下引文："个人的权利是维护社区权利的力量，反之亦然，社区也是维护和捍卫个人权利的力量（邦霍弗，1993 年）"。

- 作为个体，我们如何支持自己的社区？

  追问：作为一个社区，我们如何支持更大社区中的个体权利？

- 在其他文化中，会如何处理这个问题？（变形：将"文化"替换为"国家"。）想象你所在的省或州，关于正在讨论的问题，富人和穷人之间有很大的分歧。然后：

- 头脑风暴你能想到的所有可能的解决方案。

- 在确认将某一个作为明智的选择之前，考虑一下它的风险和收益。

- 制定一份条件（结果）清单来说明这种情况的成功解决方案。

- 将可选解决方案与条件清单进行比较，选择一种方案。

- 你对如何处理这种情况有什么看法？

- 为什么会出现这种情况？

- 哪些其他团体（公司、组织或国家）曾面临这种情况？他们是如何应对的？

  追问：他们的背景与我们的情况有何相似或不同之处？他们行动的结果如何？他们的经验对我们有什么启发？

- 你还在哪里见过这种方法奏效？

  追问：是什么关键因素让它在那种情况下发挥作用？

❓ 让提问更有效

更多聚焦于更广泛背景的探索不同思维与行动方式类提问：

_____

_____

_____

> 在当今社会，问题不再仅仅是判断对与错。我们常常不得不在对与对、错与错之间做出选择。正如加缪所言，在我们这个时代，寻求完全"正确"的决定实际上是在呼唤一个注定要失败的灵魂。没有完全清白的双手。对于许多重视道德操守的人来说，这是痛苦的现实。事实是，我们的时代使用了不同的隐喻和一套不同的原则。我们处理的许多情况，没有明确的规则。我们只能依靠批判性智能来决定真正的需要。今天，我们问的不是什么是对的，而是问什么是负责任的。问题不在于什么是好的或坏的，而在于什么是适宜的或恰当的。不在于是否诚实或纯洁，而在于是否必要和负责任。
>
> ——斯坦菲尔德，2000b

▷ 做出道德选择

- 当人们清楚自己的价值观以及如何践行这些价值观（即他们的道德标准）时，就会做出道德选择。如果组织中的人们也能清楚自己的价值观并知道如何践行这些价值观，组织在做道德选择和运作上就会更加顺畅。
- 引导者可以通过多种方式和情景鼓励参与者思考伦理问题，包括理解某个观点、探索伦理困境、提高对不正当行为的认识、考虑决策对其他利益相关者的影响，或是探讨与权力有关的问题。以下问题（如图6.5所示）用于鼓励参与者思考如何做出正确选择，从而基于他们的价值观采取道德行动。

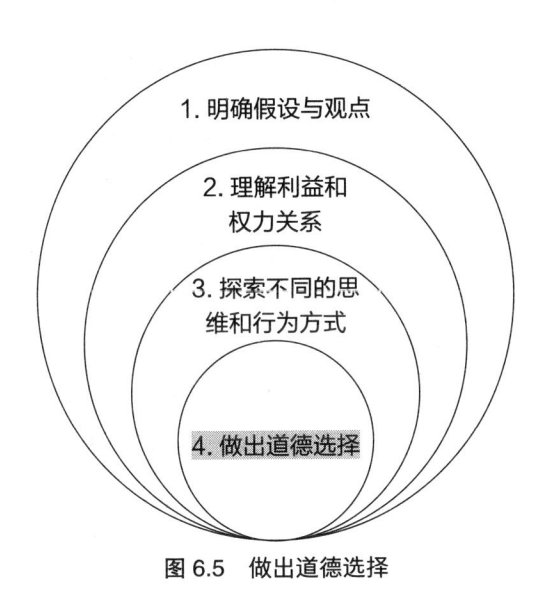

图6.5　做出道德选择

（同心圆由外到内）
1. 明确假设与观点
2. 理解利益和权力关系
3. 探索不同的思维和行为方式
4. 做出道德选择

主题：**个人**

- 回想你刚进公司时的情况。你希望被怎样对待？

  追问：我们现在是这样对待下属的吗？

- 你在多大程度上认同或不认同"我们在组织中的工作方式反映了总裁的个人哲学"这一说法？请用具体例子说明。（变形：用其他词语或短语替换"总裁"，例如"高级管理层"或"员工援助计划"。）

  提示：为了便于回答这个问题，请采用1—4分的评分标准，以便参与者做出明确的选择，而不是在1—5分的标准中选择一个不置可否的3分。

让提问更有效

> 员工个人的价值观对实现我们的商业目标至关重要。
>
> ——某位经理、引导者

> 金科玉律：己所不欲，勿施于人。

- 这个观点背后的价值观是什么？
- 这项倡议给你带来了什么样的伦理困境？
- 你的父母如何向你表达他们对于道德行为的期望？举一个例子。
- 当前的情况是如何与你的价值观相符（或不相符）的？
- 想象现在是新年前夜，你与董事会主席和副主席坐下来制定新一年的公司决议。你会鼓励这两位领导者在来年践行哪一项企业价值观？
- 想一想你最欣赏的组织（或团队）中的人。你最欣赏他的哪些行为方式？

  追问：这种行为反映出怎样的价值观？你是如何在生活中践行（或没有践行）这种价值观的？为了在生活中更好地实践这一价值观，你可以多做（或少做）些什么？

- 想一件让你对组织感到自豪的事情。这件事的什么地方让你感到自豪？

  追问：在这件事情中起作用的价值观是什么？

- 伴随你成长过程中的哪条规则对今天抚养孩子来说也是很重要的？

  追问：哪条规则是你今天不会用来抚养孩子的？

> 最棘手的伦理问题没有明确的对错，没有黑白分明，只有灰色地带。每个选择都有其代价，这就是伦理困境。不仅没有对错之分，即使是有良知的教练们也会对孰轻孰重产生分歧。
>
> ——克拉克，1994年

- 我们的意图是什么？我们对这个意图感到舒适吗？
- 你以前学到的哪些东西帮助你形成了对这个问题的看法？
- 什么会促使你彻底改变生活方式？想一些重要的事情，例如影响你如何维持生计、与谁共度时光，或如何践行个人信念的事。
- 谁是你生命中最重要的人？

  追问：他们对你的生活有什么贡献？你又是如何给他们的生活带来贡献的？

更多聚焦于个人的做出道德选择类提问：

_____

_____

主题：团队或组织

- 基于权利的组织变革办法强调理解和实现所有人的人权。人权包括生命权、基本教育权、隐私权和在法律面前的平等权、选举权和被选举权、工作权和实现高标准身心健康的权利。你是否意识到我们的组织剥夺了任何员工的权利？
- 描述过去六个月内发生过的一次重大事件，说说高级管理者是如何践行组织价值观的。给出涉及的价值观。

  提示：让参与者选择一个对他们来说印象深刻、与组织价值观有关的正面或负面事件。

- 我们的董事会和首席执行官是如何传达他们的伦理期望的？（达拉·科斯塔，1998年）

  追问：高级管理层对伦理表现负何种责任？股东如何参与有关伦理表现的问题和决策？

- 你是如何鼓励工会的办公室员工为会员利益开展批判性思考的？

让提问更有效

> 当商业逻辑问"竞争优势在哪里"时,伦理逻辑会问:"这个决定如何影响他人的尊严?"随着时间的推移,这两个问题会相互结合和互动,形成一个新问题:"尊重客户、员工、合作伙伴、供应商和社区的人类尊严所带来的优势如何增强竞争优势?"
>
> ——达拉·科斯塔,1998年

- 我们的组织是如何通过人力资源政策支持员工健康的?
- 这个组织如何向员工和董事会成员表达其对伦理行为的期望?举一个具体的例子。
- 我们的慈善实践给捐赠者、员工、利益相关者和公众带来多少公平?
- 展望未来,你认为最好的情况是什么?

    追问:回顾过去,我们学到了哪些可以帮助我们实现最佳结果的经验?

- 想一想这个团队是如何合作的。你们对彼此在哪些方面坦诚的交流感到满意?

    追问:你对哪些地方感到最不满意?你们要如何扩大团队中的坦诚度?

- 把组织想象成一个成长中的人。它长大成熟了吗?它现在是一个新生儿、幼儿、青少年、青年、成年人还是老年人?请用具体的例子说明。
- 作为该慈善机构的董事会成员,你认为最重要的三条价值观是什么?

    追问:在你看来,这些价值观在组织运营中得到了多大程度的实施?

- 在这个过程中,我们应该遵循什么标准来做决策?
- 你们组织最大的成就是什么?

    追问:你是如何为该成就作出贡献的?

- 你希望人们将哪两三个词与我们的组织联系起来?
- 你们的组织倡导哪些价值观(通过战略规划正式表述或由领导者非正式表述)?

追问：如果你能改变一件事以确保你们的组织更具伦理性，那会是什么？
- 在我们的组织中，解决该问题的最佳方法是什么样的？

  追问：我们如何知道自己做出了正确的决定？
- 这个决定会影响到谁？

  追问：它会如何影响他们？如果你必须忍受该决定的影响，你会在多大程度接受它？
- 当你做这个决定时，你对谁负责（承担义务）？

  追问：你是如何在做决策时体现这一责任的？
- 你被指派担任新员工（董事会成员或团队成员）的导师，他将在你转岗后接替你的职位。当他问你应该做什么来和下属建立积极的工作关系时，你会告诉他什么？

更多聚焦于团队或组织的做出道德选择类提问：

_____

_____

_____

主题：更广泛的背景

- 我们的组织如何参与我们行业里的全球伦理（或社会正义）问题？
- 我们的组织如何支持我们所在社区的健康发展？
- 全球范围内对政治和经济问题采取基于权利的方法越来越引人瞩目，有时甚至取代了基于需求的方法。这一说法对我们正在讨论的问题有什么意义？
- 你认为在我们这个社会中，父母教育孩子最重要的价值观是什么？

  追问：这些价值观在你当前的社区或工作环境中践行得如何？
- 你知道哪些你们社区中需要改善的不公正现象？

让提问更有效

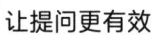

追问：你们组织在解决这些不公正的现象中如何发挥积极作用？在你们单位，谁可以在此领域起到带头作用？

> 正如个人伦理只能在其实践的社会背景中去理解一样，个人的伦理行为在公正的社会中更容易蓬勃发展。事实上，我们可以这么说：要过上伦理生活，一个人就必须努力创建一个公正的社会。
>
> ——科恩，2002 年

- 我们组织在涉及伦理问题或做正确的事情上的声誉如何？

更多聚焦于更广泛的背景的做出道德选择类提问：

_____

_____

_____

常见挑战

这些真实生活中的例子探讨了在许多常见情况下刻意使用问题的机会。

▷ **审慎地思考未来**

挑战：作为一家知名的国家环保机构，我们正面临来自成员、资助者以及政治家和倡导团体的压力，他们要求我们重新考虑在全球变暖问题上的立场。最近的国际环境协议也引发了对我们工作的关注。我们将举行为期一天的董事会会议,届时,我们将反思当前的现状并思考未来的发展方向。你会提出哪些问题来设计这个议程?

答复:使用本章中的过程框架来帮助你设计议程的主要部分。以下是反思性问题示例。

假设与观点

- 我们当前关于全球变暖的政策指出……这一政策的假设是什么?
- 我们现在知道了哪些在制定全球变暖政策时不知道的事情?

利益和权力关系

- 谁将从我们目前关于全球变暖的政策中获益最多?
- 谁将在我们当前关于全球变暖的政策中损失最大?

不同方式

- 十年后全球变暖下最理想的情况是什么?
- 我们当前的政策如何支持或阻碍这一理想情况的发生?

道德选择

- 关于目前气候变暖的政策,我们需要做出哪些道德选择?
- 我们组织的使命和价值观如何帮助我们做出这些选择?

▷ 在资源匮乏的国家采取合乎伦理的行动

挑战:我们跨国公司的纺织部因支付资源匮乏国家工人的工资而受到

让提问更有效

来自一系列团体和组织的巨大压力。作为人力资源副总裁，我邀请了一家曾为某知名国际项目服务的咨询公司来（1）审查我们的政策与实践，（2）向12人的高层领导团队报告我们在这些国家是否存在伦理上的不当行为，（3）并就报告结果带领一场为期一天的企业社会责任与伦理行为会议。

答复：领导团队根据这里提出的问题对报告进行了审查。然后，他们根据审查结果成立了一个特别工作小组来解决悬而未决的问题。

当该咨询公司向我们报告时，他们提醒"每个人都想要一盒巧克力和一支长茎玫瑰"（莱昂纳德·科恩的歌曲《每个人都知道》中的一句词），但这种情况不会出现在这份报告中（他们强调报告内容将更加严肃和真实，不会过分美化我们的情况），尽管报告中对我们在国外的运作方式有一些赞美之词。

分发报告之前，我们被问到："作为这个组织的高级领导人，你们参观过最近接受审查的海外工厂。你们猜猜报告中最主要的三个结论是什么？"我们在全体会议上总结了答复。接着，我们花了两个小时审查报告，并就以下问题的讨论做了记录：

- 总体而言，你对这份报告的满意度如何？请解释一下。
- 鉴于我们公司的使命与价值观，我们的海外行为在伦理上表现如何？我们有在伦理上表现不当吗？

在全体讨论中，我们总结了对这些问题的回答，并从输赢两个角度讨论了当前的形势：谁在赢，谁在输？以哪种方式？在每个国家创造双赢局面的可能性有多大？

会议结束时提出了两个最终问题：

- 通过比较我们认为报告要涵盖的内容与实际上涉及的我们在其他国家的领导力现状，揭示出哪些问题？
- 未来我们需要问自己的有关企业伦理的关键问题是什么？

在稍后的回顾会上，参与会议过程的成员表示这是他们加入公司后最激动人心的一天之一。让他们感到惊讶的是，尽管没有做出任何决定，也很少关注具体行动，但观点的转变是显著的。这种转变将带来他们之前未曾意识到的新工作方式的改变。

审慎地考虑政策变更

挑战：我们正在将政府对体育健身项目的支持转向支持更广泛的积极生活方式。如何帮助政策小组审慎思考这一变更，并明确新政策与过去狭隘的体育健身的不同之处？

答复：使用以下问题作为政策小组批判性思考积极生活方式计划的起点，加深他们对这一概念的理解。可以让小组从列表中选择问题，组织自己的讨论。

基本问题

- 积极生活方式有最低标准吗？
- 我们要如何描述积极生活方式？

    追问：为什么用这个词？这是针对谁的？它的独特性是什么？体育活动在积极生活方式中扮演什么角色？

- 我们如何知道积极生活方式能增进幸福感？
- 个人赋能如何与积极生活方式这一概念相适应？
- 积极生活方式是一个可衡量的概念吗？

    追问：如果是，你如何衡量？如果不是，推动一个无法衡量的理念有什么意义？

- 积极生活方式是一种新时尚吗？
- 有积极生活方式的典型例子吗？

让提问更有效

追问：如果有，请描述一下。
- 我们如何通过积极生活方式解决运动强度的问题？
- 积极生活方式的例子有哪些？
- 我们（政府）想通过积极生活方式项目达到什么目的？
- 积极生活方式的概念包括什么？

追问：积极生活方式是否不仅仅是身体上的活动，还包括社区参与？
是否有定义积极生活方式的指导方针？

链接到其他领域

- 积极生活方式是否包括工作和休闲时的体育活动？
- 如何将体育活动视作一种本质上具有心理、社会或精神活动特征的活动？
- 积极生活方式是否能得到现有社会规范和价值观的支持？
- 积极生活方式与环境有什么关系？（变形：将"环境"替换为"健康""娱乐和休闲""运动"或"工作场所"。）

积极生活方式与健身

- 积极生活方式计划是否包含绩效目标？
- 心血管健康仍然是一个重要问题吗？
- 体育活动的定义有改变吗？
- 积极生活方式只是改了个名称的健身吗？
- 当把健身当作目标时，每个人都知道自己是否健康。人们如何知道他们是否在积极地生活？

部门角色

- 我们如何管理这一变革过程？
- 积极生活方式计划如何与我们部门当前的行动蓝图相适应？
- 积极生活方式项目对现有的部门政策、项目、活动和组织结构有什么影响？
- 未来两年，积极生活方式计划会是什么样的？
- 积极生活方式计划和我们部门目前的健康促进计划有什么不同？
- 将积极生活方式计划纳入我们部门当前活动的过程是什么？
- 积极生活方式项目会成为我们部门的一个新项目吗？

实施

- 如果自由选择和个人适应性是概念中的固有部分，这是否意味着每个人都应获得全方位的机会？
- 我们是否应该继续鼓励加拿大人从最低限度的体育活动逐步过渡到更为强烈、规律的体育活动？

领导力

- 团体健身领袖将如何参与积极生活方式计划？
- 如果积极生活方式计划的侧重点是个人，那么在群体层面，将由谁来负责积极生活方式计划？
- 对于积极生活方式计划，我们部门要扮演的最佳角色是什么？
- 积极生活方式计划会导致我们部门的任务扩大吗？

让提问更有效

项目

- 实施积极生活计划是否需要额外的资源（时间、金钱、知识、设备、空间或社会组织）？
- 如果积极生活方式的概念表明个人可以将任何类型的体育活动（如步行）纳入日常生活，那么是否还需要结构化的项目？

推广和沟通

- 我们向其他政府部门传达积极生活方式计划的政策是什么？（变形：用"与健康有关的组织"或"公众"替换"政府部门"。）
- 根据健身理念促进人们参与身体活动与根据积极生活方式理念促进人们参与身体活动有什么区别？

第 7 章

解决问题的提问

分析与解决问题通常与战略规划、团队建设、网络建立、发起倡议、政策制定及一般性问题解决一样,是引导过程的核心内容。

过程框架

聚焦和系统性的提问能够帮助人们在共同解决问题时开展有意义的对话。本章的过程框架能帮助引导者支持团队在讨论问题时解决六类主要的挑战(见表7.1)。

表7.1 解决问题的过程框架

1. 理解情况
2. 澄清问题
3. 创建行动选项
4. 测试行动选项
5. 做出决定
6. 采取行动
解决问题

让提问更有效

如前言所述，尽管本章中的问题是为会上口头互动设计的，但它们同样适用于书面形式。

尽管乍一看这六个步骤像是连续的，但如何解决问题与相关挑战取决于具体情况。我们通常与策划委员会共同识别关键问题，用一句话为每个问题描述实质性的挑战。然后，按表中所列的顺序进行下一步。如果有人已经完成某个步骤，我们会先做深入的理解和评估，然后再完成后续的步骤。

像书中的其他章节一样，根据过程框架定制符合实际情况的问题是至关重要的。这个框架也很灵活，旨在包容不同组织自有的或引导者工具箱里的工具与方法，例如 SWOT 分析（优势、劣势、机会和威胁）或 PEST 分析（政治、经济、社会文化和技术因素）等等。

解决问题的提问指南

解决问题的提问通常适用于某个较大的过程情境。例如，做战略规划时可以用它制定目标，做团队建设时可以用它识别与分析团队面临的挑战。

以下是在解决问题时有效提问的指导原则。

- 澄清术语，根据你所面对的实际情况定制术语表。例如，我们会在本次会上用到如下术语：
  - 议题：指辩论、对话或讨论的重要主题，通常涉及紧张关系、挑战和具体的问题；议题是组织生活的正常组成部分。
  - 挑战：考验人们能力的艰巨性任务或情况；澄清挑战是解决问题的第一步。
  - 挑战陈述：以"该优先事项的挑战是……"为开头的一句话。
  - 问题：有待解决的具体事项，有潜在解决方案的障碍或阻碍，通

第二部分 问什么

常是议题的一部分。

◎ 迷思：难以用典型问题解决方式解决的问题。

- 视问题为朋友。问题是不可避免的，没有问题就无法学习或取得成功。很多时候，与变革相关的问题会被忽视、否认或被当作指责与防御的借口。当问题被视为自然的和有着独特张力与困惑的预期现象时，变革的努力才更有可能成功。应对这些现实的方法不是掩盖它们，而是提出能够增进理解与行动的问题。

> 生活从不遵循直线逻辑，而是遵循一种改变事物本质的曲线逻辑，常常使自己变成对立面。因此，问题不仅仅是需要处理或搁置的麻烦事。隐藏在每个问题内部的，是对组织本质的研讨和个人成长的契机。这需要一种转变；我们要重视寻找解决方案的过程，在处理各种矛盾中寻求有意义的解决方案。
>
> ——帕斯卡尔，1990 年

- 鼓励参与者深入探讨特定话题或对话中的紧张情绪（"我感觉在这个问题背后有一个特别敏感的话题。"）。如果参与者认同，接着问："这些紧张情绪从何而来？"
- 确认你作为引导者以过程专家的身份发挥作用，同时对内容保持觉察和中立。明确这一立场的含义在于：你的重点是避免利益冲突，确保高质量的决策过程而不是影响讨论的结果（见第二章）。
- 采取全面的方法理解问题的来龙去脉。对于引导者来说，这意味着讨论问题所需的背景信息必须具有包容性，能代表多种视角与价值取向。最初的包容性有利于鼓励人们对后期形成的解决方案建立起拥有感。
- 探索问题的各种面向。鼓励参与者从多个角度考虑问题（"每个人对

让提问更有效

此情况的理解是否相同？团队中还有什么其他看法？"）。

- 根据可用时间决定可解决问题的数量。不要把日程排得太满，也不要让团队过度疲劳。预留足够的讨论时间，确保参与者在理解问题和贡献解决方案的过程中获得归属感。
- 使用水平思考（如头脑风暴、思维导图或开放空间）等过程工具鼓励人们对问题和解决方案开展多元思考。
- 当你在书面报告中总结参与者的意见时，把文档写得尽可能具体、直接和简短，以便参与者能够快速找到要点（如优缺点）。避免复杂的讨论和过度分析，便于使用者在团队讨论时轻松使用。

---

1. 创造性思考者避免标准化的问题解决模式。
2. 他们对广泛的相关及分歧领域感兴趣。
3. 他们能够从多个角度看待同一问题。
4. 他们认为世界是相对和有联系的，而非普遍和绝对的。
5. 他们经常在试验不同方法的实验中使用试错法。
6. 他们面向未来，将变革乐观地视为一种宝贵的发展机会。
7. 他们自信且相信自己的判断。

——布鲁克菲尔德，1987 年

- 确保解决方案考虑到它对整个系统的潜在影响，而不仅仅是影响其中一部分（圣吉，1990 年；肖尔特斯，1998 年；斯坦菲尔德，2000 年）。
- 避免提出本质上对问题做间接陈述的问题（"人们为什么对这个问题有如此负面的看法？"）。
- 对于参与者来说"投入决定产出"（"如何确保对的人在现场并从过程中获得最佳产出？"）。

- 如果讨论的问题过于抽象和概念化，就要提出具体问题，让参与者聚焦于某个具体方面或行动步骤。
- 为探讨问题提供条理清晰的流程。这有助于让参与者对过程感到满意和充满信心。
- 解释决策的过程，并与参与者确认决策方式。清晰地阐明整个过程之间的联系，包括如何做出决策以及参与者在实施过程中的期望。如果参与者对决策方式感到困惑，他们就不太可能支持决策的实施。
- 澄清问题的范围，确认参与者接受讨论与决策的边界。在此问题上要绝对明确，什么要摆到桌面上，什么不能提出来。你需要在设定团体规范时讨论清楚边界问题。

问题库

本章的问题库侧重于解决问题的过程框架的六个维度（见表7.1）。每一部分都有助于引导者聚焦提问。重要的是要定制自己的问题，注意措词的细微差别，以及如何调整过程框架来适应具体情况。本章问题库中的问题适用于多种引导技术，比如力场分析、SWOT分析、按序提问和差距分析（本斯，2000年）等。

▷ **理解情况**

通过提出旨在解决问题的问题，可以获得全面的信息（见表7.2）。这些问题涉及参与者对团队运作、组织或团队内部关系、以往行动状况以及组织整体环境的看法。

表 7.2　理解情况

1. 理解情况
2. 澄清问题
3. 创建行动选项
4. 测试行动选项
5. 做出决定
6. 采取行动
解决问题

主题：内部因素

- 我们公司是否存在员工投入度令人担忧的情况？

  追问：如果有，为什么？

- 公司是否存在某些影响我们协作的潜在问题？

- 作为公司合伙人，你自己花时间做的最重要的三件事是什么？

  提示：询问其他参与者对公司合伙人所做最重要事情的看法。

- 作为一名高级经理，当考虑组织的未来时，什么会让你夜不能寐？

- 在去年的规划会上，你定过一个包含三个优先事项的行动计划……正如本次会议报告所指出的那样，你对其中两项的结果非常满意，但对第三项的结果不满意。那么，去年的哪些计划内容需要顺延到今年的讨论会中？

- 你会用哪些词形容组织成员面对与变革相关的问题或紧张关系时的精神状态：开放的？封闭的？探询的？冷漠的？有解决方案的？或其他？

  追问：我们是如何知道这一点的？

- 在你看来，有哪些迹象和症状表明存在需要解决的挑战？

- 考虑到我们的资源，我们能做的一件改善协作的事情是什么？

- 你怎么知道自己成功了？

  追问：你怎么知道自己没成功？

第二部分　问什么

- 如果由你负责，为确保组织拥有积极的未来，未来两年内，你最优先考虑的两项变革举措是什么？
- 如果你能做一件改善团队合作的事，那会是什么？
- 在我们组织的运作方式中有什么是让你感到困惑的？（变形：用"惊讶""欣慰""有趣"，"被支持"，"不被支持"等词替换"困惑"。）
- 问题有两种：想谈论的问题和不想谈论的问题。我们想讨论什么问题？

  追问：不想讨论哪些问题？
- 想想你们团队过去一年的工作，人们协作的方式发生了哪些显著改变？
- 考虑一下我们与客户开展业务的方式。我们擅长的是什么？

  追问：我们在哪些地方还可以做得更好？
- 资源对我们制定解决这一问题的策略产生了多大程度的影响？
- 我们过去在……方面非常成功。我们在该领域的技能和经验将如何影响我们成功解决这一问题？
- 作为该团队的成员有哪些好处？（变形：用"坏处"替换"好处"。）
- 我们团队的成员认为我们的优势和劣势各有哪些？
- 关于这个问题，你对组织中其他人的哪些表现感到满意？

  追问：你对其他人的哪些表现不满意？

  进一步追问：你愿意满足别人对你的哪些期待？你不愿意满足别人对你的哪些期待？
- 我们团队有哪些方面做得好？我们需要改进什么？
- 这个组织让你感到高兴的是什么？

  追问：有什么让你感到不安？
- 我们的哪些优势能为我们解决问题提供机会？

  追问：我们有哪些一旦弥补上就能带来更多机会的不足？
- 你们需要做什么才能显著提升组织的运作？
- 作为一个组织，我们在哪里做得最成功、最富有成效？

  追问：我们在哪些方面最不成功、最没有成效？

让提问更有效

- 作为管理团队，我们在哪些战略方向上达成了共识？

  追问：在哪些方面的意见不一致？

- 谁目前不是但很有可能成为你们的客户？

- 解决这个问题，让你感到满意的是什么？

  追问：让你感到沮丧的是什么？

- 作为该团队的一员，你最喜欢的是什么？

  追问：最不喜欢的是什么？

- 我们公司在专业领域的当前趋势是怎样的？

- 关于当前形势，你们的副部长（首席执行官、部长、主席）应该了解的一件事是什么？

- 对于组织中那些地位和权力较低的人来说，重要的问题是什么？

  追问：何时将这些问题纳入讨论？

- 我们可以指望哪些关键人物在该问题上提供支持？

  追问：他们能提供哪类支持？

更多关于理解情况的内部因素提问：

_____

_____

_____

主题：外部因素

- 当前的经济形势能否支持我们想做的事情？（变形：将"当前"替换为"不久的将来"或"长期"。）

- 在你看来，公司经营环境的变化给我们带来了哪些机会？

  追问：同时也带来哪些威胁？

  提示：使用关键词激发想法，如政治的、环境的、经济的、遗传学的、人口的、社会文化的和技术的。

第二部分 问什么

- 公众会如何看待你们公司?

  追问：对于这些看法你有何证据?

- 在……上，我们如何与目标、规模类似的其他组织相比?
- 如果公司明天关门，谁会想念我们?

  追问：他们为什么会想念我们？哪些是我们希望他们想念，但实际上人家不会想念的？他们为什么不想念?

- 在客户满意度方面，我们公司最大的优势是什么?

  追问：我们最薄弱的地方是什么?

- 关于这个问题，你能想到的最广泛的边界是什么?

  追问：就下一步而言，哪些边界对我们来说是现实的?

- 未来六个月，组织面临的主要外部威胁是什么?

  追问：我们是否做好了应对这些威胁的准备?

  进一步追问：未来六个月，我们将面临哪些重要机会？要如何利用这些机会?

- 未来三年，为了在财务上取得成功，我们要针对哪两三个主要机会采取行动?

  追问：最主要的两三个障碍是什么?

  进一步追问：团队在应对这些机会与障碍上有什么优势？有什么不足?

- 外部环境正在发生哪些可能影响我们成功解决这一问题的变化?
- 关于我们的服务或产品正面临的机会或挑战，公司外部或市场上有哪些看法?
- 客户对我们的服务有何评价?
- 关于我们，新闻报道上说了些什么?
- 关于社会在多大程度上满足了……的需求，我们知道些什么？（变形：插入与此问题相关的弱势群体名称，如"文化少数群体""老年人"或"残疾人"等。）
- 你最近听说或看到过哪些与此计划相关的信息？没有错误的答案，

让提问更有效

试着跳出你的思维定势。

　　追问：在考虑到我们对这个问题的所有答案时，你是否看出某些共性主题？

- 外部环境中的哪些因素会对团队的工作能力产生影响？
- 现在有哪些变革的力量正对你们组织产生影响？

　　追问：还存在哪些稳定的力量？这种情况给你的未来带来什么挑战？

- 你知道哪些有意思的趋势可能影响到我们看待这个问题的方式？
- 规划时要考虑哪些全球正在发生的与我们利益相关的事情？（变形：将"全球"替换为"本地""本省 / 州"或"全国"等。）
- 哪些情况、计划或网络资源能为我们进一步优化工作提供机会？
- 谁是你最大的批评者和支持者？

　　追问：他们说过什么？你从中学到了什么？

- 谁或什么能代表对这一问题最前沿的看法？

　　追问：我们如何在讨论中汲取他们的智慧？

　　提示：在网上搜索参考文献、论文等。

更多关于理解情况的外部因素提问：

_____

_____

_____

▶ 澄清问题

　　有些时候，问题是清晰且可以通过其他过程得以简洁描述的。然而，在大多数情况下，必须认真探讨各种观点，以确保对要讨论的问题达成一致。此外，通常某人或团体认为的问题，往往只是其他人或团体视作更为深层或复杂问题的表面症状。

在对问题达成基本一致的认可前,是很难继续探讨行动方案的(见表7.3)。

表 7.3　澄清问题

1. 理解情况
2. 澄清问题
3. 创建行动选项
4. 测试行动选项
5. 做出决定
6. 采取行动
解决问题

主题：问题描述

- 关于这个问题,你能否看出某些重复出现的模式?

  追问:我们能从讨论这些模式中学到什么?

- 我们是着眼于全局,还是只看到了其中的一部分?

  追问:我们怎样知道自己采取的是全局视角?

- 我们能否描述清楚这个问题的进展?

  追问:这件事对我们小组的影响是什么?(变形:用"团队""组织""辖区"或"客户"替换"小组"。还可以在"影响"前增加描述时间的形容词,如"当前影响"或"潜在影响"。)

- 用一句话将问题描述为挑战。例如"挑战是……""真正的问题是……"或"我们的优先事项是……"

- 我们是否拥有描述与解决这个问题所需的背景信息?

  提示:避免无休止地搜寻信息,否则会演变为一种回避策略。

- 该挑战会如何影响你们的战略规划(使命、愿景、价值观、战略方向、优先事项或目标)?

  追问:是否需要改变?

让提问更有效

- 这些关注点与哪些更广泛的问题（例如人权、工作场所安全、培训和发展）相关？
- 我们最近从客户那里收到过哪些能帮助我们更好地解决这个问题的反馈（例如满意信、支持信、投诉或关于服务的意见等）？
- 你个人对这个问题有什么看法？

  追问：你的观点从何而来？还存在哪些个人利益？它们又从何而来？
- 对我们的组织来说，是什么让这个问题变得复杂？（变化：用其他词替换"复杂"，例如"直接""有趣""挑战"或"紧急"。）
- 从系统的角度看，这个问题是什么样的？
- 这个议题包含哪些具体问题？
- 过去一年，我们在这个问题上经历了哪些转折点（或关键事件）？
- 这个问题的哪些方面是我们无法控制的？（变形："关于这个问题，我们不能改变的是什么？"）

  提示：审视这些答案中的潜在假设或偏见。
- 这一切的希望何在？

更多关于问题描述的提问：

_____

_____

_____

主题：为什么这是个问题

- 你认为这个问题在未来几年会变得更重要还是更不重要？

  追问：请解释一下。
- 这些问题与我们公司的主张有什么关系？
- 你对现在解决这个问题有什么看法？
- 这个问题会如何扰乱我们的社区（组织或团体）？

第二部分　问什么

- 你对这个问题持此观点有多久了？

  追问：发生过哪些强化或削弱你观点的事情？

- 如果你要为自己家选择类似我们产品的东西，谁会是我们的竞争对手？

  追问：什么会让你选择竞争对手的产品？

- 今年解决这个问题有什么好处？

  追问：如果不采取任何措施解决这个问题，将会发生什么？

- 造成这一问题的三大因素是什么？

  追问：这个问题是什么时候出现的？什么促成了问题的发展？我们是如何回应的？咨询过谁？到目前为止，我们学到了什么？

- 我们是基于哪些假设思考这个问题的？

  追问：这些假设如何影响我们解决这一问题的能力？

- 有什么数据或证据能帮助你理解这些挑战？

- 哪些情绪或强烈的感觉与此问题有关？

  追问：它们从何而来？

- 有什么措施能激励人们解决这个问题？

  追问：有什么因素会阻碍人们解决这个问题？

- 现在发生了哪些影响客户满意度的事情？

  追问：客户满意度是如何受到影响的？谁是我们的客户？我们对他们了解多少？我们的哪些产品性能对客户最重要？

- 关于这个问题，忽视什么可能会导致危险？

- 有关这个问题，有哪些没有被提及和需要被听到的？

- 追问：我们如何聆听这些沉默者的心声？

- 这个问题在我们组织中的历史是怎样的？

- 在解决这个问题上，我们遇到了什么压力？

- 在这个问题上，我们最大的弱点是什么？

  提示：当出现问题时，问"为什么"，多问几次"为什么"，直到找到问题的根本原因。

让提问更有效

更多关于为什么这是个问题的提问：

_____

_____

_____

主题：利益相关人

- 为了获得最好的结果，我们需要每个人的智慧与观点。还有谁想说说自己的想法？我们错过了谁？
- 这对谁来说是一个问题？它是怎样演变成问题的？

  提示：第六章有很多问题，对于分析问题很有效。

- 组织中的权力关系因素会对这个问题有什么影响？
- 这个问题是怎么影响你的？

  追问：这个问题对你个人有何影响？对工作的影响呢？对家庭生活的影响呢？有让你最关心的具体问题吗？

- 我们理解这一问题的方法很富有包容性吗？

  追问：没有考虑到谁的观点？

- ……会如何看待我们在解决这个问题上扮演的角色？
- 你在哪些其他场合遇到过类似的问题？

  追问：是如何解决的？你注意到或学到了哪些对解决当前问题有帮助的东西？

- 这个问题涉及哪些员工文化？在试图理解这个问题时，你是否采纳了他们的观点？
- 这个问题的独特之处是什么？
- 我们公司的哪些部门受此问题影响最大？

  追问：哪些部门受到的影响最小？你为什么觉得是这样？

- 在这个问题上，谁可以担当我们内部的啦啦队长？

  追问：谁可作我们外部的啦啦队长？

- （除了团队成员之外）还有谁与此问题有关？

  追问：他们会怎样影响结果？

- 谁与这个问题有利害关系？

  追问：有怎样的利害关系？

- 在我们正式或非正式的组织结构中，谁负责带领大家解决这一问题？

- 谁能够影响我们所做的决定？谁可能会受到决定的影响？

  追问：我们如何将这些观点摆到桌面上来？我们需要做些什么来适应那些能影响或受到决策影响的人？

更多关于利益相关人的提问：

_____

_____

_____

▷ 创建行动选项

能让人们畅想积极未来的问题，可以为制定行动选项奠定坚实的基础（见表 7.4）。考虑问题的根源和潜在的解决方案，了解他人在类似情况下的做法有助于聚焦下一步行动。

表 7.4 创建行动选项

1. 理解情况
2. 澄清问题
3. 创建行动选项
4. 测试行动选项
5. 做出决定
6. 采取行动
解决问题

让提问更有效

主题：积极的未来

- 想象两年后的今天，你正在接受一位著名杂志记者的采访。他想知道你们团队是如何成功解决这个问题的。他的第一个问题是："与两年前相比，现在有什么不同？"

- 想象两年后的今天，客户对你们的服务感到非常满意。发生了哪些与今天不同的事情？（变形：用"产品"等其他词替换"服务"。）

- 想象一个对你的团队来说既积极又具有挑战性的未来。你看到发生了什么？

    提示：现实的挑战能鼓励参与者大胆想象，适度考虑某些能够推动他们突破界限和跳出思维框架但仍然可行的建议，这样可以防止出现没人相信会奏效的离谱答案。

- 往大处着眼（变革性而非进化性的）。我们可以做出哪些彻底的改变来成功解决这个问题？

    追问："合理"地想象一下（进化性而非革命性的），我们可以做哪些小改变来对这个问题产生积极的重大影响？

- 当我们处于最佳状态时，首先想到的一个描述我们状态的词或句子是什么？

- 从长远角度看，我们对社区的独特贡献是什么？

- 我们现在可以做的对来年成功产生重大影响的一件事是什么？

更多关于积极的未来的提问：

_____
_____
_____
_____
_____

第二部分 问什么

主题：解决方案

- 如果你有能力在当前做一些独特的事情，你会做什么？
- 我们在哪些方面陷入了困境？

  追问：我们做什么才能摆脱困境并成功解决这个问题？
- 有效解决方案的标准是什么？

  提示：与小组代表共同起草一份用于解决这个问题的标准清单。尽量短一些，5—6项足矣。
- 这个问题最直接的解决方案是什么？

  追问：间接的解决方案是什么？
- 关于这个问题，你听到人们抱怨最多的是什么？

  追问：我们可以立即做什么来解决其中某些抱怨？从长远来看，我们还能做什么？
- 组织中的哪些因素（如系统和政策）让这个问题得以存续？
- 你们现在就可以解决的能对客户产生重大积极影响的一个小问题是什么？
- 对于这个问题，现在发生了哪些不应该发生的事情？

  追问：哪些应该发生的却没有发生？
- 这个问题给我们带来了什么机会？
- 从整个系统看，我们还有哪些选项？
- 与客户最相关的潜在解决方案是什么？（变形：将"客户"替换为"专业团体""员工""股东""董事会成员"或"拥护者"。）
- 解决这个问题需要什么资源？
- 采用二元思维既降低我们的创造力，又限制我们的选择。在这个问题上，我们可能陷入哪些二元思维的陷阱，即"要么做这个，要么做那个"？

  追问：我们如何打破这种思维定势？

让提问更有效

- 关于这里的底线，我们确切知道的事情是什么？

更多关于解决方案的提问：

_____

_____

_____

_____

主题：向他人学习

- 在许多涉及复杂、长期问题的情况下，总有人热衷于尝试新方法。就你们的情况而言，这些人可能是谁？

  追问：他们的观点是什么？

- 关于……的最佳实践文献在解决这一问题上说过什么？
- 你见过、听说过或想要探索哪些解决这一问题的创新方法？
- 在这种情况下，一无所有的人会怎么做？（变形：用其他称谓替换"一无所有的人"，比如"退休的CEO"或"彼得·德鲁克"）。
- 去哪能找到其他团队解决这个问题的创造性方法？
- 我们到哪里可以找到类似的案例？
- 谁以前遇到过这种问题？

  追问：他们做过什么？结果如何？在别的组织中，是否有解决此类问题的最佳实践或标杆案例？

更多关于向他人学习的提问：

_____

_____

_____

_____

▷ 测试行动选项

为确定最可能成功的选项,需要考虑它们背后的原因、决策的潜在影响以及该选项是如何与团队战略或策略计划相匹配的(见表 7.5)。

表 7.5 测试行动选项

1. 理解情况
2. 澄清问题
3. 创建行动选项
4. 测试行动选项
5. 做出决定
6. 采取行动
解决问题

注:本节中的一系列问题可支持引导者应对在解决问题时面临的许多挑战。在某些情况下,团队只需设定用于确定最佳方案的标准,然后使用这些标准选择解决方案。在另外一些情况下,则需要使用更具体的问题。

主题:原因

- 你能帮我们解释一下观点背后的原因吗?
- 你还记得我们提出此项解决方案的最初原因吗?
- 你对此方案感到满意吗?为什么?
- 我们如何知道自己成功解决了这个问题?

  追问:成功解决之后与今天相比会有什么不同?

- 我很好奇你赞成这一方案的原因。
- 我们要用什么标准来缩小选择范围?
- 你最喜欢这个方案的哪一点?你最不喜欢哪一点?
- 在这些方案中,你觉得哪一种最值得推荐?为什么?
- 你更喜欢哪个方案?你支持该方案的理由是什么?

更多关于原因的提问：

_____
_____
_____

主题：潜在影响

- 这个方案会造成多大影响？

  追问：这种影响可能会怎样发生？

- 如果我们应用X理论，会发生什么？
- 如果我们坚持目前的路线，对我们的战略目标会有什么影响？
- 如果得到的回应是……那我们的项目会怎样？
- 如果选择这一步，你最弱势的地方在哪里？
- 如果我们现在做出这一改变，对客户会有哪些直接影响？中期影响和长期影响？（变形：用其他词如"股东""员工""贡献者"或"捐赠者"替换"客户"。）
- 对于你们公司而言，这些方案的优点和缺点各是什么？
- 该解决方案最薄弱的地方是什么？也就是说，如果有可能出错的话，那会是什么？

更多关于潜在影响的提问：

_____
_____
_____

主题：战略匹配度

- 该方案是如何与你们公司的使命相匹配的？

  追问：又是如何与公司价值观保持一致的？

- 必须考虑哪些较大的系统才能支持成功的解决方案?
- 哪个方案最适合我们当前的基础设施?

  追问:需要更新哪些基础设施才能支持……方案?
- 就我们的战略方向而言,哪个方案最可能获得成功?
- 哪些是短期解决方案?长期解决方案?
- 在该伙伴关系中,哪个组织拥有更好的资源与能力解决这个问题?

  (变形:用"智力""志愿者""领导力""管理""专长""人力资源"等词替换"资源"。)
- 谁可能会在权力关系层面上反对这一提案?

  追问:我们要如何考虑这一点?

更多关于战略匹配度的提问:

_____

_____

_____

> 达成持久共识是本次会议的关键环节。一旦完成这一步,就向团队提出以下问题:
>
> - 你能接受这个方案吗?
> - 你会在团队内支持这一行动吗?
> - 你会在团队外支持这一方案吗?
>
> 如果有人对上述任何一个问题回答"否",请此人回答以下问题:
>
> - 为了让你支持该方案,需要做哪些调整?
> - 现在你的支持程度是怎样的?
>
> 继续讨论,直到找到符合所需变更条件的提案。
>
> ——威弗和法雷尔,1997

❓ 让提问更有效

▷ 做出决定

根据大家先前确定的标准,这三个选项中的哪一个最符合你们的战略方向?(见表 7.6)

表 7.6 做出决定

1. 理解情况
2. 澄清问题
3. 创建行动选项
4. 测试行动选项
5. 做出决定
6. 采取行动
解决问题

你觉得大家是一致的还是互不理解?

以下是引导者可以用来帮助团队做出决定的问题范例:

1. 你打算做什么决定?

2. 谁来做决定?

3. 你会根据什么标准做决定?

4. 谁会受到决定的影响?

5. 你到什么时候必须做出决定?

6. 你会用什么工具做决定?

7. 此时你的决定是什么?(威弗和法雷尔,1997 年)

- 你怎样(例如采取集体决策、投票或领导者决定的方式)做决策?
- 这次讨论中有漏掉持不同想法的人吗?如果他或她在场的话,会告诉我们什么?
- 作为后续步骤,我们可以采取哪些行动来解决冲突?
- 什么会阻止你对这个问题做出决定?什么因素能支持你此刻就做出决定?

- 你需要做什么决定？【变形："我们需要决定（谁）在（何时）（做完什么）？"威弗和法雷尔，1997年】
- 这项决策的潜在负面影响是什么？你要如何适应负面影响？
- 哪些标准（价值观、合作原则、对员工的影响、对公众的影响或对利益相关者的影响）能指导我们做决策？
- 这项决策会产生哪些伦理上的影响？
- 我们到底需要在这决定什么？
- 做决定的最佳方式（例如共识决策、简单投票或多维投票）是什么？

> SCAMPER是一种用于解决问题的决策技术，使用时可以考虑以下问题：
>
> S（Substitute 替代）：什么可以被替代？
>
> C（Combine 组合）：哪些可以被组合起来？
>
> A（Adapt 调配）：能够调配什么？
>
> M（Modify 或 Magnify 修改或放大）：如何修改或放大某些内容？
>
> P（Put to other uses 用于其他用途）：有哪些其他用途？
>
> E（Eliminate 去除）：什么可以被去除？
>
> R（Reverse or Rearrange 反转或重新整理）：哪些内容可以反转或重新整理？
>
> ——米哈尔科，1991年

- 该提案能成为最佳方案的优点是什么？
- 何时需要做出这个决定？时机对结果很重要吗？如果重要，为什么？如果不重要，为什么不？
- 我们在哪里达成了一致？在哪里还有分歧？

让提问更有效

- 谁可能会对方案感到满意？谁可能会不开心？
- 谁将受此决定的影响最大（或最小）？

  追问：他们将如何受到影响？我们在做决定时是否要考虑这些信息？如果需要的话，怎么做？

- 为最终做出决定，你应该咨询谁？

  提示：要想清楚你咨询的目的。

- 谁来做最后决定？

  提示：要清楚最终决定权在谁手里。

更多关于做出决定的提问：

_____

_____

_____

▷ 采取行动

对问题采取行动需要发起者和受影响者共同参与（见表 7.7）。从长远角度看，具有包容性的方案更有利于实施。

表 7.7 采取行动

1. 理解情况
2. 澄清问题
3. 创建行动选项
4. 测试行动选项
5. 做出决定
6. 采取行动
解决问题

第二部分 问什么

> 《多伦多星报》(Toronto Star)的创始人约瑟夫·A.阿特金森(Joseph A. Atkinson)曾于1940年写道,高管应该知道的四件事:
> 1. 做什么?
> 2. 怎么做?
> 3. 谁做?
> 4. 做完了吗?

- 我们如何在不过度控制的情况下实现对变革策略的控制?
- 我们如何确保分配给这个方案的资源被公平分配了?
- 我们如何让利益相关人参与到实施过程中?
- 这个方案会如何影响你个人的工作?说说具体结果。

    追问:这个方案会如何影响你的家庭?说说具体结果。
- 如果人们要抵制这个方案,可能会采取什么形式?

    追问:抵制的原因可能是什么?我们要如何解决?
- 是否要用试点项目测试一下这种方法?
- 一方面,独立思考与工作能力对这一变革过程至关重要。最新鲜的想法往往来自多元和群体边缘的人;另一方面,复杂的变革往往需要许多人深入研究解决方案并共同行动。我们的变革过程是否同时尊重个人和集体?
- 你们搬迁总部时,真正对工作效率构成挑战的最重要的两三个变化是什么?你们有哪些优势可以帮自己适应这些改变?你们组织现在有哪些弱点可能在此改变中引发问题?
- 内部可以通过哪些方式支持这一决定?

    追问:内部哪些方式可能阻挠该决定?我们可以做什么来应对这些挑战?

让提问更有效

- 在此过程中，我们面临哪些知识上的挑战？

  追问：我们知道哪些是要特别关注的？我们不知道哪些自己需要知道的东西？哪些是别人知道但我们不知道的？哪些又是我们不知道自己不知道的？

- 我们可以做些什么来促进组织内积极的争权活动以支持该解决方案？
- 有关组织变革的研究为我们最有效地执行决策提出了哪些建议？
- 我们需要考虑哪些可能影响成功实施的因素？

  提示：考虑相互竞争的优先事项、组织权力关系、领导层的期待、紧迫性和资源。

- 为了顺利启动执行方案，我们需要做的第一件事是什么？
- 我们小组在接下来的步骤中扮演什么角色？

  追问：我们的责任是什么？我们的职责有哪些？

- 前进路上有哪些陷阱？

  追问：我们在前进的路上可以获得哪些支持？

- 我们应该请谁来支持我们获取成功？
- 谁应该负责实施过程中的各项主要工作？

更多关于采取行动的提问：

_____

_____

_____

常见挑战

这里给出的真实案例探讨了在解决问题时刻意使用提问的机会。

▷ 鼓励坦诚和保密

挑战：我经常需要在鼓励人们对问题保持坦诚和保密，同时谨慎处理私密或敏感信息的情况下做引导。在这种情况下，我可以提哪些问题来营造这种氛围？

答复：许多引导型会议有赖于参与者在不违反保密规定的情况下说出有关自身情况的信息。这可能会让他们进退两难：他们希望参与有意义的讨论，但同时又不想将有关组织的保密信息泄露给竞争对手（请参阅第一章中关于澄清保密性的内容）。他们可能也不想以负面视角描述自己的组织。

尽管建立坦诚交流的规范是一个好的开端，但作为引导者，你可能会发现，除非会议中的问题能够激励参与者适当袒露信息并强化这一规范，否则规范就不会起作用。

支持适当袒露信息是这样一种氛围：保密规则到位，信息共享成为常态，引导者示范适当的信息共享（即不披露其他客户的名称，维持相互尊重），所提的问题会"保护"参与者披露信息的痕迹，视出错为学习的机会。

以下是支持参与者适当袒露信息的问题示例：

- 关于这个问题，你确定知道的一件事是什么？
- 你从担任大型组织高级管理者的经验中获得的一项学习是什么？
- 从你的角度看，员工面临的利害关系是什么？
- 如果你能预测，未来五年内，像你们这样的组织将要面临的两大（人力资源）问题，那会是什么？
- 如今，大多数管理者都在应对该问题的后果。这在你们单位算是一个挑战吗？你注意到有什么情况出现？
- 你最近听到的与这些问题有关的一种观点是什么？

让提问更有效

▷ 把敏感问题摆上桌面

挑战：在男女混组讨论时，我可以提哪些问题来了解参与者对敏感问题（如性别平等）的看法？

答复：将参与者分为两组，男子一组，女子一组。要求每个小组在白板纸上回答问题，列一份清单（汤姆林森和斯特拉坎，1991年）。女子组的问题是"在我们这个社会，作为女性意味着……"，男子组的问题是"在我们这个社会，作为男性意味着……"（根据具体情况定制你的问题）。然后，让每个小组展示讨论后的内容，引导者让参与者分享印象深刻的、惊喜的、被遗漏的、补充的信息，同时讨论两份结果之间的异同之处。

该活动的目的是探索差异性，而非争论对与错或哪种方式最好。如果有不同的观点，承认并继续讨论，而不是试图解决不同意见。

▷ 非政府组织的问题管理

许多组织有自己既定的解决问题的方法。在非政府部门，机构往往在问题管理上做得不错，加拿大肾脏基金会的宣传手册中的方法就是一个例证。

> 成功的倡导需要采取积极主动、系统的问题管理方法，这通常需要很长一段时间。前四步是倡导小组持续活动的一部分。当已经明确和决定要采取行动时，最后三步最重要。
>
> 1.收集信息：外部发生了什么？
> 2.建立关系：我们应该与谁沟通？
> 3.识别和分析问题：这到底是谁的问题？
> 4.研究问题：我们还需要知道什么？

> 5. 确定立场：我们要主张什么？
> 6. 制定和实施策略：我们要做什么？
> 7. 评估结果：我们做到了吗？
>
> ——加拿大肾脏基金会《倡导手册》，1999 年

▷ 问题导向的规划：一项裁员计划

挑战：英国一家大型公司的管理层在召开战略回顾会后，大幅裁减了公司员工的数量。由 80 多名代表组成的员工协会对帮助员工应对管理层的裁员计划感到无能为力。作为内部顾问/引导者，我面临的挑战是要帮助员工理解正在发生的事情，并从这次不愉快的经历中吸取教训。

答复：发起人希望所有代表都有机会参与应对这一挑战。他还担心负面经历会主导整个过程，人们很难放下过去，继续前进。

经过一番讨论，我们决定（1）对每个人做调查，（2）使用调查结果做一次回顾工作坊，邀请所有协会代表参加，讨论共同关心的问题并提出推进的建议。

我们希望调查能超越常规性问题（如"什么做得好？""什么没做好？"和"我们可以怎样做得不同？"），而是提出更具体和更有吸引力的问题。为此，我们使用了第五章的 3W 框架和本章"解决问题"的框架来设计调查问卷：

1. 当宣布这个计划时，作为协会代表，你的第一反应是什么？
2. 你能想到什么词来描述此刻的感受？
3. 从 1 分至 10 分打分（10 分代表非常有效），我们咨询过程的成效如何？
4. 描述一下我们在挑战公司所做决策上的效果。

5. 从1分到10分打分（10分代表准备得非常充分），你承担这个角色的准备程度如何？
6. 描述一下在整个咨询过程中，你与管理层打交道时是如何体现合作精神的？
7. 为履行职责，你需要什么支持？
8. 你为员工提供了哪些支持？
9. 从1分到10分打分（10分代表非常优秀），我们提供支持的效果如何？
10. 有关沟通限制的合理性是什么？
11. 沟通限制的不合理之处是什么？
12. 从1分到10分打分（10分代表非常优秀），我们在项目中彼此沟通的情况如何？
13. 从1分到10分打分（10分代表非常优秀），我们在项目中与员工沟通的情况如何？
14. 我们如何改进沟通方式？
15. 参加这个项目给你带来哪些有益的帮助？
16. 参加这个项目给你带来哪些不利的影响？
17. 在你回顾参与项目的经历时，关于担任代表这一角色，你学到了什么？
18. 如果请你为代表们制订一项培训计划，根据你参与这个项目的经验，你会推荐什么？
19. 如果下周必须重新做一次的话，你会改变的一件事是什么？
20. 从1分到10分打分（10分代表非常自信），你认为员工对我们在整个计划中帮助与支持他们的能力有多大信心？
21. 从1分到10分打分（10分代表非常优秀），我们在项目中履行职责的总体情况如何？

所有代表都在两周内回答了这些问题。有些人写得很长（犹如"《战争与和平》），还有很多人在回答第一个问题时毫无遮拦地用脏话表达了自己的感受。

我将所有回答整理成一份 35 页的匿名报告，谨慎保留了人们重复的内容和脏话。工作坊前一周，我把报告发到每个人手里，大约有 50 名协会代表参加了工作坊。

我们用一个上午在小组内确定关键主题。下午制订了一项改变协会未来运作方式的计划，包括从根本上改变协会与管理团队之间的关系，协会如何发展和支持协会成员，以及如何改善沟通的渠道等。

工作坊受到了人们的好评，反馈如下：

- "我不敢相信我们能讨论出这么多事情。"
- "这些问题很有挑战性且发人深省。"
- "这是我们第一次有机会为协会的未来做贡献，我觉得自己的声音被听到了。"
- "我们真正确定了关键挑战和需要采取的行动。"

（该案例由某公司内部的引导者与变革顾问提供。）

第 8 章

结束会议的提问

虽然会议结尾常常被人们忽视，但它与会议开场同等重要。

在单次会议或多环节的长期会议结束时，引导者面临的挑战之一是如何有效结束这一过程。对于参与者来说，他们需要反思一下做了什么，以及接下来需要执行哪些与会议成果有关的事项。

结束环节的提问还有助于参与者重回会后的日常工作模式。因此，结尾提问通常是结束一个过程和开始另一个过程的桥梁，例如从结束战略规划过渡到执行过程的开始。

过程框架

表 8.1 展示了一个用于结束过程（无论是单环节还是多环节会议）的问题设计框架。该框架有两部分：回顾过去和展望未来。表中的雅努斯（Janus）图标代表古罗马神话中掌管门户、通道以及开始与结束的双面神。

表 8.1　结束会议的过程框架

回顾过去	展望未来
• 中途反思 • 整体回顾 • 学习收获 • 工作成效 • 过程管理	• 庆祝成功 • 为后续行动建立拥有感 • 采取行动（知识迁移） • 未来协作

如前言所述，尽管本章中的问题是为会上口头互动设计的，但它们同样适用于书面形式。

结束会议的提问指南

结束环节的提问具有过渡性，它们是解决未竟之事和继续前行的关键。同时，也为参与者提供了一个特殊的学习机会，因为人们此时需要结束一个过程，并决定下一步做什么。

- 提出帮助参与者结束过程的问题。这些问题能帮助参与者总结他们在既定目标上的成就与未做到的事情（"我们做得最好的是什么？""我们哪里还可以做得更好？"）。
- 提出有助于讨论各种关于过程结束的观点的问题。有些参与者可能希望推迟结束会议；还有些人可能希望马上结束会议。如果你要结束一场持续了很长时间的会议，有些人可能会因为以后不再见面，特别想分享一些即将离别时的感受或建立某种形式的网络连接。
- 确保将对结尾问题的答复纳入客户与顾问的项目总结会中（"如果你是会议引导者，下次你会有哪些不同的做法？"）。
- 提出认可现场每一位参与者的贡献的问题（"作为同事，你在这个项目中从别人身上学到了什么？"）。

让提问更有效

- 让参与者感到自己是团队的一分子并为讨论带来了贡献（"你带来的贡献或观点有什么？"）。
- 还可以考虑是否要为参与者提供匿名填写问卷的机会。
- 使用鼓励参与者用安全、轻松的方式表达自身关切、担忧和分歧的问题（"说说你对这次会议的感受，这样能给我们带来学习。关于这次会议，你最喜欢的地方是什么？最不喜欢的是什么？"）。
- 采用第五章中的3W框架向参与者提问，帮助人们与下一步行动或未来的会议建立起积极和富有激励性的联系。
- 考虑人们想说的内容及其与会议目标的关系，确保为结尾的提问留下足够的时间。在有些情况下，回答结尾问题时要非常简洁，也许给每人5—10秒钟就够了（"让我们轮流发言：哪个词或短语能描述你今天在会上的体验？说出你想到的第一个词就行，不用太长。如果和别人想到一块了，也无所谓。"）。

问题库

不止一位智者曾经说过：未经审视的生活不值得过。这句话同样适用于会议和引导。

本章问题库中的问题可针对很多情况做进一步定制化设计，例如：结束研讨会、让策划委员会成员参与汇报、结束多轮会议、结束大型会议、引导客户的汇报等。请务必根据你的具体情况设计问题。

▷ 回顾过去

此处的问题用于鼓励参与者（个人或小组）在中途或结束时反思会议

的过程（见表 8.2）。

表 8.2　回顾过去

回顾过去	展望未来
• 中途反思 • 整体回顾 • 学习收获 • 工作成效 • 过程管理	• 庆祝成功 • 为后续行动建立拥有感 • 采取行动（知识迁移） • 未来协作

主题：中途反思

- 如果你能改变今天会上的某件事情，那会是什么？（变形：用其他词或短语如"今天早上"或"过去"替换"今天"。）
- 请为今天的会议打分。从1分到4分，其中1分代表差，4分代表优。你会如何评价今天的会议？（变形：用其他词或短语，如"今天上午"或"最后一个环节"替换"今天"。）

  追问：要提高明天的会议成效，你们（或我们）需要做什么？

- 在今天会议的前半程中，你是否在某个时刻意识到了自己高涨的情绪？

  追问：现在会议时间已经过半，你对会议的看法是怎样的？

- 关于明天的会议，你会关注什么？
- 由于参加了这次会议，你将关注……的哪些方面？
- 今天会上引起你注意的一件事是什么？
- 在会议的后半程，你从其他成员那里学到了什么？
- 如果存在问题，你认为可能是什么？
- 这次经历与你最相关的部分是什么？
- 今天会上，反复出现在你脑海中的想法有哪些？

  追问：这些想法是促进还是妨碍了你的参与？

让提问更有效

更多关于中途反思的提问：

_____

_____

_____

主题：整体回顾

- 加入球队后的整个赛季以来，你认为教练与高水平运动员合作时需要具备的核心价值观或坚定的信念有哪些？（变形：用"经理"或"领导"替换"教练"，并根据实际情况调整问题的后半句。）
- 在项目中工作六个月以后，你对自己作为团队成员的感受有何变化？
- 在你看来，好的会议过程与一般的过程有何区别？
- 关于刚结束的那场会议，你认为会议的目的是否明确？
- 请谈谈你对团队成员处理紧张关系或分歧的方式是否满意？
- 你对团队成员的参与程度满意吗？
- 我们解决问题的方法是否具有创造性？（变形：用其他词替换"创造性"，如"及时""专注""坦率"或"务实"等。）
- 其他人在会上为你的体验带来过什么贡献？

  追问：他们带来过哪些促进或阻碍你成功且愉快参会的影响？
- 你们团队是如何处理分歧和紧张情况的？

  追问：你对团队成员之间的紧张关系感觉如何？这些关系是否得到了建设性的处理？是否在某些情况下变得更具破坏性？
- 在整个过程中，我们彼此倾听的情况如何？
- 如果你的好朋友明年也参加客户规划会，为确保会议开得成功和愉快，你会给他们什么建议？
- 事后看来，有哪两三项核心价值观指导了你们团队的运作？
- 回顾整个过程，好消息有哪些？

  追问：坏消息有哪些？人们有平等地参与整个过程吗？有人避而不

参与吗？
- 请给今天的会议打分。从1分到5分，1分表示差，5分表示优。你会如何评价今天的会议？

  追问：是什么让你给出了这样的评价？这一得分与你对日常每一天的评价相同，还是与往常有所不同？你想改变明天的效果吗？要让明天的会议得分更高一些，你（或我们）需要做些什么？

- 总体来说，你如何评价今天的会议？

  追问：在你看来，今天会议的优点和缺点各有哪些？

- 你能想到的第一个形容你在会议初始时的感受的词是什么？

  追问：你能想到的形容此刻感受的一个词是什么？

  提示：如果你在会初问过关于当时感受的问题，结尾时就可以参考当初的回答做更多反馈。

- 参与这个项目给你带来了哪些好处？
- 对你而言，是什么让这段经历变得意义非凡？
- 你对这次会议的感受如何？
- 关于本次会议，你最喜欢什么？最不喜欢什么？

  提示：这个问题也适用于总结长期项目。例如，"在过去六个月里，你最喜欢（或最不喜欢）参与的环节是什么？"

- 现在你知道了哪些会初不知道的信息？
- 作为项目团队的一员，哪些工作之外的因素对你的体验产生了积极影响？

  追问：作为项目团队的一员，哪些工作之外的因素给你带来了消极体验？

- 在这次会议上，什么给你留下了深刻的印象？
- 在最后的讨论阶段，有哪些主题不断地显现出来？

  追问：你认为这些主题为什么能够脱颖而出？

让提问更有效

- 对你而言，这次经历中最有价值的地方是什么？
- 对你而言，今天发生的最好和最糟糕的一件事分别是什么？
- 人们的个性在多大程度上影响了建设性解决问题？
- 你如何描述团队成员在项目期间的紧张程度？低、中还是高？说说你的看法。

更多关于整体回顾的提问：

_____

_____

_____

主题：学习收获

- 我们是否有让合适的人员参与实现目标？

  追问：如果有，请描述团队成员的角色（技能和特点）。如果没有，请提出需要的额外角色（技能和特质）。从这次讨论中，我们为以后会议学到了什么？

- 将完成的评估表发给团队成员并询问他们：评估结果向我们展示了哪些关于项目进展的信息？

  追问：如果你正在规划类似项目，你会保留哪些做法？采取哪些不同的做法？

- 你认为团队最擅长的是什么？

  追问：团队最大的不足是什么？这些结论对以后有哪些指导意义？

- 在这个过程中，你对问题的看法有改变吗？

  追问：如果有，是怎么变的？如果没有，为什么你认为不需要改变？

- 即便是事后诸葛亮，也需要反思才能得以完善。如果明年再次引导类似会议，你会做出哪些改变？

- 如果同事询问你参加这次会议的收获，你会怎么回答？

- 作为一名高级经理，在回顾这个项目时，你会采取哪些可能对结果产生重大积极影响的不同做法？
- 你发现该过程与你的日常工作有哪些相似之处？

  追问：有何不同？
- 回顾过去，如果有的话，哪些结果是可以被预测的？

  追问：有让你感到惊讶的意外结果吗？
- 我们从这个项目中学到了哪些可以用到下一次的经验？

  追问：我们会有哪些不同的做法？我们会保持哪些不变？什么助力了我们？什么阻碍了我们？
- 你从团队合作中获得的一项具体收获是什么？

  追问：作为大型组织中的团队之一，你们认为自己学到了什么？
- 出现了哪些问题？哪些方面运作得还不错？哪些方面表现得一般？

  对每个问题做追问：是怎么发生的？
- 你觉得自己在什么时候最投入？在什么时候最不投入？（变形：用其他词，如"舒适"或"不舒适""高效"或"低效"替换"投入"。）

  追问：你觉得为什么会这样？

更多关于学习收获的提问：

_____

_____

主题：工作成效

- 在开场介绍时，我询问过大家对会议的期待和关注点。会议是否达到了你的预期？
- 你是否达成了会议开始时设定的目标或预期的结果？

  追问：如果达成了，你是怎么知道的？如果没实现，还要做什么才

让提问更有效

能实现这些目标？
- 我们是否解决了所有关键问题？
- 团队会议进行得如何：你们是一个相互激励且高效的团队吗？

  追问：请多说一点。
- 你们团队是如何做出关键决策的？效果怎样？
- 最初的设想或目标与实际结果相比，有何差异？

  追问：情况正常吗？这些偏差算是改善还是问题？
- 你如何描述我们在会上对该领域做出的贡献？

  追问：你会对不同个体或团体采用不同方式描述我们的贡献吗？为什么？或为什么不会？
- 会议现已结束，你认为团队还有哪些未竟事项需要解决？
- 既然我们已经完成了关于……的讨论，你对所做决定的信心有多大？
- 请从1分到4分评价我们在每个目标上的成果，其中1分表示不成功，4分表示成功。你的看法是什么？
- 请为本次会议效果打分。从1分到4分，1分表示不成功，4分表示成功，你会如何评价本次会议？请具体说说。（变形：用其他词或短语替换"本次会议效果"，比如"本次会议在多大程度上实现了既定目标"，"团队成员的互动状况如何"。）
- 你在多大程度上实现了自己的参会目标？
- 会议结束后，你最关心的问题是什么？
- 你为会议成果（即团队的工作成效）做出了哪些贡献？
- 我们还需要讨论哪些内容才能推进这个过程？
- 在过程中，哪些你预期会发生的事情确实发生了？

  追问：发生了哪些让你感到意外的事？
- 在你看来，本次会上一项有价值的即时产出是什么？

  追问：在你看来，会上产生的一项有价值的长期结果是什么？在未来3个月、6个月和一年内，你会用什么指标来衡量它？

- 通过参与这个项目，你在信息技术规划方面学到了什么？（变形：用其他词或短语替换"信息技术规划"，如"社会支持网络""领导力发展""战略规划"或"项目管理"。）
- 我们抓住了哪些有助于完成工作的机会？

  追问：我们是否错过了一些改善结果的机会？
- 你在会议中注意到了哪些转折点？

  追问：还有什么不便讨论的问题需要解决？
- 早上来参会时，你的目标是什么？

  追问：你在多大程度上实现了今天的目标？
- 在提高工作成效方面，哪项合作规范对团队帮助最大？

  追问：是如何起作用的？
- 如果审计师询问你本次会议投入的有效性，你会怎么回答？

更多有关工作成效的提问：

_____

_____

主题：过程管理

- 你们是否具备成功举办这次会议所需的资源（包括人力和财务资源、技术、领导支持等）？
- 你对会议过程管理方面有什么遗憾？例如地点、日程安排、住宿、食物或桌椅用品等（变形：用其他词替换"管理"，如"引导"）。
- 会场布置对研讨会的成功有何影响？（斯特拉坎和皮特斯，2003年）
- 我们使用的方法有让你感到沮丧的地方吗？
- 你最喜欢这次会议管理中的哪个环节？

  追问：最不喜欢的是什么？

让提问更有效

更多关于过程管理的提问：

_____

_____

_____

▷ 展望未来

对于参加过很多会议、研讨会和培训课程的人来说，如果在会上做了决定但没有跟进行动，就会让他们怀疑会议的价值。表 8.3 中的问题有助于弥合引导过程与跟进行动之间的差距。

表 8.3　展望未来

回顾过去	展望未来
• 中途反思 • 整体回顾 • 学习收获 • 工作成效 • 过程管理	• 庆祝成功 • 为后续行动建立拥有感 • 采取行动（知识迁移） • 未来协作

主题：庆祝成功

- 我们应该如何庆祝取得的成就？我们要如何庆祝共同的合作？
- 我们要怎样正式宣布项目的结束？（变形："我们要如何庆祝项目的完工？"）
- 你能从今天会上带走的一项收获或好处是什么？（变形："参加这次活动，你能带走的有价值的东西是什么？"）
- 你认为自己参与的哪个环节最有趣？

　　追问：会上发生的什么令其如此有趣？（变形：用其他词替换"有趣"，如"富有成效""令人愉快""有教育意义""刺激"或

"麻烦"。)
- 这个计划可能产生哪些积极的连锁反应?
- 我们要感谢哪些竭力为活动做出过贡献的人?

更多关于庆祝成功的提问:

_____

_____

_____

主题:为后续行动建立拥有感

- 你对参与后续环节的兴趣有多大?
- 如果三个月后再次举办这个课程,你会在成功秘籍中保留哪些内容?
- 研讨会结束后,我们需要以某种方式对彼此负责吗?如果需要,为什么?如果不需要,又是因为什么?

   追问:如果你对过去的某些环节不满意,那么在继续之前,我们要如何解决这些问题?

- 在实施这个计划的过程中,哪些方面需要特别的勇气?

   追问:为什么?如何解决这个问题?

- 一旦回到办公室,你首先想着手做的一件事是什么?
- 你们团队希望为组织传承下来什么?
- 由于参加了这次活动,你打算停止、开始或继续做哪些事情?
- 在后续步骤中,我们可能在哪些方面让自己感到失望?

   追问:我们需要做什么来防止这种情况出现?

- 我们需要与谁合作来实现什么样的结果?

   追问:如何让他们参与进来?

- 你愿意参与实施这个项目吗?

   追问:如果愿意,说说你会提供什么帮助。如果不愿意,也请解释

让提问更有效

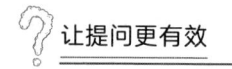

一下原因。

- 在花了两天时间讨论公司如何在社区履行社会责任后，如果你是负责人，为了落实会议结果，你的第一步行动是什么？

  追问：如果我们不负责此事，我们要如何支持这一目标的达成？

更多为后续行动建立拥有感的提问：

_____

_____

_____

主题：采取行动（知识迁移）

采取行动有多种形式，比如沟通举措、制定与实施政策、创建新标准、改变团体规范、修订现有协议以及强化学习等等。

知识迁移（也称知识转化）是一种行动方式，旨在缩小理论和实践之间的差距。专业协会或学会特别关注知识转化，以促进影响其服务质量的决策。

本节中的许多问题涉及多种采取行动的方法。例如，知识迁移可能涉及政策制定和与之相关的沟通举措。

- 整体而言，我们为需要尽快落实的举措做了研究，从研究中我们得到什么收获？
- 其他单位或我们自己的其他部门能否从我们的经验中获得学习？

  追问：我们的哪些收获适用于他们？
- 鉴于会议结论和实施过程中可能存在的风险，最佳的推进节奏应该是怎样的？
- 我们如何获取支持后续步骤所需的资源？
- 我们如何与组织内外可能从我们的经历中受益的人分享项目经验？

  追问：谁可能感兴趣？
- 我们的经验与合作伙伴有什么关联？（变形：有合作伙伴或盟友愿

意听我们的经验分享吗？）

追问：他们想知道什么？
- 你认为在实施过程中我们会具备多大的推动力？

追问：我们需要考虑哪些阻力？下一步要如何考虑这一点？
- 如果你是负责人，你首先会在现有基础上做什么？
- 有没有期刊或内部通讯对发布我们的经历和收获感兴趣？
- 现在项目已经结束，作为项目成员，我们需要将项目成果带回各部门。我们要如何谈论启动阶段发生的事情？

追问：我们作为一个团队，可以做些什么来支持关于资源规划的共同领导？

提示：项目团队在实施过程中可以在组织中发挥重要作用。共享信息有助于支持下一步的工作。

- 所以，接下来我们需要采取哪些行动？
- 我们在这类会议中获得的知识常常与实践存在较大差距。我们还能邀请谁参与进来，帮助我们将决策转化为实际的改变？
- 要将我们的建议转化为实际的操作标准，需要满足哪些条件？
- 我们需要采取哪些措施来确保建议得到立法机关的支持？
- 会后进展往往与会议本身同样重要。在你看来，我们接下来需要采取哪些措施，以确保事项得到妥善落实？
- 在评估组织是否按照这些建议成功采取行动时，最关键的一项因素是什么？
- 在快速变化的环境中，我们需要采用什么机制来维持这一举措？
- 作为参加这次活动的成果，你会劝说组织停止、开始或继续做哪些事情？
- 哪些专业协会或学会可能对我们的工作以及在该领域的实践感兴趣？
- 我们的目标受众是谁？我们应该如何与他们就本次会议进行沟通？
- 谁有权力实施会议的决定？

让提问更有效

更多采取行动（知识迁移）的提问：

_____

_____

_____

主题：未来协作

- 考虑一下今天两个单位所做的讨论，公司 A 为公司 B 带来了哪些有益的独特贡献？反之，公司 B 又为公司 A 带来了哪些有益的独特贡献？

  追问：为实现互利共赢，我们要如何将这两个组织联合起来？

- 考虑到本次会议的结果，我们是否需要向支持者或利益相关方承诺在推进过程中采取行动或重新考虑我们的策略？

- 我们的决策将对社区的下一步行动产生哪些影响？

- 据你所知，还有哪些组织可能从你们所参加的会议及其成果中受益？

  追问：他们是否愿意和我们当面分享经验、教训以及共同成长与发展的机会？

- 为了获得实施决策所需的支持，我们需要与哪些社区、团体、团队或部门建立联系？

更多关于未来协作的提问：

_____

_____

_____

常见挑战

接下来的例子探讨了如何刻意使用结束会议的提问来解决引导者面临

的典型挑战。

结束在多地开展的项目

挑战：我是一名外部管理顾问，刚为一家在全国有九个办事处的公司实施了新的信息技术流程再造项目。项目由公司人力资源部发起，九个办事处的代表参加了为期两天的全国会议。然后，我们会与每个团队开展现场合作，在接下来的三个月里，为他们提供本地化的服务支持。

我们计划在两周内再次召集这九个团队开会，以讨论项目的进展并结束这个培训项目。还有四名内部人力资源代表会出席下次会议。随后，这个项目将正式移交给每个团队独立实施。每个办事处会有 5—7 名成员参会。在这样的结束会议上，提出哪些问题将有助于目标的达成？

答复：首先，与项目发起人沟通，讨论他们的期望并明确可能的产出。此事可能有以下几个目的：

- 将所有人聚集在一起共同学习
- 正式结束项目
- 编制一份经验报告，便于首席执行官在全球高管季度会上向其他办事处的首席执行官分享
- 以积极的方式结束项目
- 探讨团队内部和团队之间尚未完成的工作
- 给总裁提供一个为激励成功团队而讲话的机会
- 感谢团队成员的付出
- 考虑维护与强化新信息技术方案的后续步骤

如果会议的目的是认可和庆祝每个团队的成就，可以先让大家坐在各自的团队中，然后再进行混合分组，进一步讨论问题。通过这样分组，他们既有在自己团队中被认可和庆祝成功的机会，又有在大组内获得被认可的机会。

让提问更有效

向各团队提出让他们反思合作经历的问题。例如，遇到过哪些挑战？现在结束了，他们要为什么而庆祝？向所有人提出能为人力资源部提供未来开展类似项目的反馈的问题（例如，"事后看来，如果你是负责人，你会采取哪些措施提高团队的有效协作？"）。

根据你的具体目标，以下是一些可能适用于结束本次会议的问题。有些问题可以在会前以调查问卷的方式发给参与者填写。

- 这些是我们为本次会议设定的目标，你认为合适吗？欢迎提供反馈、补充或调整意见。
- 如果下周必须再次开会，你会改变哪一件事？
- 作为办事处的团队成员，你最欣赏团队的哪个方面？
- 我们还需要采取哪些行动？
- 这个项目的哪些方面进展得顺利？
- 如果你被提升为公司西区的人力资源总监，并且你的首项任务就是设计和实施一个类似的项目，你从这个项目中学到了哪些有助于开展新项目的经验？请用一句话描述你的每一项收获，就像宣读戒律一样，以动词开头。

结束全国性的问题研讨会

挑战：我正在为皇冠公司组织一场关于运输问题的全国性研讨会，参与者有 45 人，他们分别来自不同部门，包括私立和公共部门、工会和非政府团体。关于结尾的提问，你有什么建议？

答复：这种情况下，我们通常会设计 2—3 个用于结束的问题，并在研讨会最后一次休息时与各部门代表沟通，测试这些问题的有效性。如果能提前与由各部门代表组成的策划委员会测试一下这些问题，那就更好了。

双方协商设计问题有助于避免偏见或受责备，目的是确保研讨会取得更好的结果。

方案 A：将参与者按部门分组，给大家十分钟回答以下问题：

- 关于大家在本次会上的合作，给你印象深刻的一件事是什么？
- 你会把哪些信息带回自己的部门？

然后，让各部门派代表向大家汇报。最后，由你和委员会主席共同感谢所有参与者和分享者，并回顾确定的后续步骤。

方案 B：研讨会结束标志着一个阶段的结束和另一个阶段的开始。研讨会通常会给一些人带来新任务，并需要他们和不在场的人去沟通。你可以问的一个重要问题是，"为了确保不在场的人能够了解本次会议及结果对他们的影响，我们要如何与他们沟通"。一种方法是通过电话或电子邮件，即每个人分别联系 1—2 个人，告知他们会议的情况和结果。作为总结活动的一部分，你还可以带大家讨论一下与其他人沟通的内容要点。

方案 C：在一场全国性的网络会议上，组织者希望将原本只由四家大型机构组成的相对封闭的伙伴关系，扩展为包括十七家机构的更为广泛的伙伴关系（其他机构的代表也参加了会议）。我们让每家机构派出一位代表在会议结束时发言，分享他们从研讨会中获得的学习成果，以及他们未来希望如何参与到这个组织中。

（方案 C）这种结束方式通过强调包容性的重要性，有效促进了研讨会目标的达成。同时，还避免了之前开幕致辞的四家大型机构重复发言。这个方法收效显著，许多参与者反映说，他们深刻感受到了这些机构在最后分享时的热情和影响力。

小组离职面谈

（注：该案例源自汤姆林森和斯特拉坎，1996 年）

挑战：我是国家女子运动队的教练，今年我们要淘汰六名运动员。其中包括一位担任过三年队长的运动员，两名入队四年的运动员，以及两名上场时间较少的替补队员。我计划采用小组面谈的方式做离职对话，但我

让提问更有效

想不出合适的问题。我该如何设计这个流程？

答复： 运动员和教练通过参与体育运动能学到很多东西。你和他们都可以从分享这些经验中受益，并将其传给未来的教练和运动员们。结束运动员职业生涯的面谈非常重要，原因如下：

- 如果你能鼓励运动员反思其运动生涯的潜在影响与意义，将有利于他们更好地将其价值融入运动生涯后的生活中。
- 离职面谈是一个机会，可以用来解决未完成的事项，并讨论你与团队成员曾经遭遇但可能尚未彻底解决的挑战。
- 能够反思和重视自身运动经验的运动员更有可能成为潜在的教练；任何体育项目都不能忽视鼓励退役运动员未来参与的机会。
- 你如何说明和安排小组面谈，以及你打算如何使用会谈的结果，都将影响参与者的参与质量。务必说明这是一次保密性的谈话（参见第二章关于保密性的讨论），你将仅向团队（包括参加面谈的人）分享谈话的匿名摘要，并尽可能地将其中的好建议融入下个赛季的队伍中。

提示：注意提问的类型和顺序（见第一章刻意提问的技巧）。

面谈结束后，向运动员展示一些你打算做出改变的例子。以下是一些建议的问题：

- 作为这个团队的成员，你有什么遗憾吗？
  追问：你做过哪些本来可以有不同做法的事情？你对其他队友有什么强烈的感觉？你需要与其他队友就某些发生过的事情做最后的讨论吗？
- 如果你能在自己的运动员生涯中改变一件重要的事情，那会是什么？
- 如果你有机会重新经历自己运动生涯中的某件事，那会是什么？
  追问：你想与当时和你共同参与的人分享这份感受吗？

- 如果你的孩子想参加竞技体育，你在给他/她报名前会考虑哪些因素？
- 假设你正在制定一份教练培训计划，你认为哪些课程最为重要？
- 总体而言，从1分到6分评价你作为运动员的经历，其中1分代表差，6分代表好。你会怎么打分？请解释一下你的答案。
- 体育运动常常给运动员带来压力。请分别描述一次给你带来动力和阻力的经历。
- 回想一下这几年来你认识的所有队友，选择一位你特别欣赏的。在你看来，他/她有哪些令你钦佩的特质？
- 想一想你遇到过的所有教练，选择一位你认为特别出色的教练。在你看来，是什么使他/她如此出色？
- 当初参加这项运动是出于你自己的选择，还是受到他人的影响？
- 在从事这项运动期间，有哪些事情让你难以忘怀？
- 在从事这项运动期间，你经历过哪些积极的事情？
- 关于成为一名教练，你从参与这项运动中学到了什么？
- 通过从事这项运动，你对自己有了哪些新的认识？
- 你从这项运动中学到了哪些可以用于其他场合的经验？
- 当初加入时，你定过哪些目标？

  追问：实现了吗？

- 作为一名运动员，你在该项运动上的优势是什么？
- 在你最初从事这项运动时，你曾经试图去寻找什么？

  追问：你要寻找的东西在这个过程中是否发生过改变？

复盘试点工作坊

挑战：我正在设计用于结束一天的试点工作坊的问题，这个工作坊的内容是标杆学习。我们计划根据参与者的反馈对工作坊进行优化，随后在多个地点向中层管理者实施这个项目，所有中层管理者都将在未来四个月

让提问更有效

内参加这个工作坊。

答复：提问时提醒大家这是一次试点工作坊，组织者计划对其进行复盘和优化后再推广实施。请他们回答你的问题，以自己的专业知识为复盘做出贡献。参考以下问题清单，设计3—4个可以直接用于复盘的问题。

- 正如你所知，我们计划在未来四个月内为所有中层管理者开设这个工作坊。我们希望帮助大家建立起持续使用标杆学习法的责任感与承诺。因为你们参加过，你们对组织者有什么建议？
- 根据你的经验，你认为在这次工作坊中引导者应强调的要点是什么？
- 你会怎样向主管汇报本次工作坊的情况？
- 你会如何向其他管理者介绍这次工作坊？为什么会这样说？（变形：将"其他管理者"替换为"主管"或"同事"。）
- 我们希望邀请像你这样具有丰富管理经验的人担任后续工作坊的受训带领人。你是否有兴趣参加为期两天的训练课程，并按照优化后的方案与同事合作带领工作坊？

  追问：你还能推荐其他对合作带领工作坊感兴趣的管理者吗？
- 你认为影响你们分公司成功实施标杆学习法的因素有哪些？

  追问：我们能通过工作坊做些什么以确保这一问题得到解决？
- 关于标杆学习，你希望在工作坊中得到答复的一个问题是什么？

  追问：在工作坊结束时，你还有哪些未被回答的问题？
- 因为参加这次工作坊，回去后你会改变哪些行为？

  提示：询问具体例子。

后　记

在做引导时，有一个对我来说很有效的问题，那就是"关于……你确信的一件事是什么"。在本书的结尾，我想试着回答这个问题：关于在引导过程中有效地提问，你确信的是什么？

你对情况越了解，提问就会越聚焦和有效。虽然你的确能在不是很熟悉的领域做引导，但你确实需要通过了解相关背景情况提升引导会议的价值：比如会议的目的和目标、参与者、当前的情况、要解决的问题或挑战，以及解决问题或挑战所需要的过程框架。

除了这些基本内容之外，你还需要熟悉你所服务领域的其他情况。比如相关的主要组织及其领导人、当前的问题和相关的考虑因素、过程背后的潜在假设、各部门的附属系统、近期媒体的关注点、关键的技术词汇及其含义、常用的缩略语、近期有关会议的主题、文章与观点，以及相关人员之间的潜在利益冲突等等。最后，你还要尽可能深入地了解自己作为引导者的优势、不足、观点与价值观，这一点极为重要。（请参考第一章有关刻意提问的内容）

> 好奇的人喜欢提问。寻找会议中的问题是培养对自身工作领域好奇心的一个有效方法。

让提问更有效

引导者要会识别对的问题。如果你知道自己需要什么，你就可以翻阅本书找到你要的提问。也许，你不能马上找出精准答案，但只要看看适用于你的过程框架，就会找出其中的关键和思路，以便你快速定制化设计自己的问题来满足工作需要。

有效的引导者能够辨别出什么时候问题会过时。如果你厌倦了使用老套问题开启会议、揭示支持因素或挑战，那就鼓励自己尝试一些新东西。最初使用新问题时可能会感到有些冒险，但这通常会随着你看到它们在团队中所发挥的作用而得到改变，进而增强你的信心和创造力。

> 你对背景理解得越深入，你就越能有效地掌握过程并充分发挥其作用。

相信你的直觉。我在设计推动议程的问题上所花费的时间，超过了在其他任何流程设计环节上的时间。尽管有时客户认为问题合适并且目标也很明确，但我仍然会感到不安。

这种担忧可能源自多种原因：比如，是否有足够的时间用于公正地讨论这个问题？这个问题在议程中的位置是否妥当？这个问题是否已经在上次会上讨论过？对于参与者来说，这个问题是否恰当？等等。

无论什么原因，相信你的直觉并重新审视你的问题。你可以与客户或策划委员会讨论可能的答案，或与同事一起检查这些问题。

> 对于很多事情来说，偶尔对你长期认为理所当然的情况打个问号是件好事。
> ——伯特兰·罗素

对的问题能带来学习。我认识的很多引导者都喜欢学习。他们同样喜欢帮助别人学习。当参与者做出对他们有利的决定时，就会获得学习。人

后 记

们在团队中工作时也会获得学习。对的问题能给个人、团体和组织带来有意义的学习体验，特别是与会议目的和结果相关的体验。

如果参与者对讨论的内容和结果有认同感，并积极参与有助于实现过程与个人发展目标的有效讨论与关系中；如果过程环境舒适，人们相互尊重且坦诚，那么工作坊或较长的会议将给人们带来积极的学习体验。在这种情况下，有效的提问能为个人、团体和组织的学习带来巨大收益。

> 重要的是别停止提问。好奇心自有其存在的道理。当人们思考永恒、生命和现实的奇妙结构时，就会情不自禁地感到敬畏。如果人们每天都试着理解一点这一奥秘，那就足够了。永远不要失去神圣的好奇心。
>
> ——阿尔伯特·爱因斯坦

作为引导者，了解自我源自对自身所面临问题的认识。在接下来的几年里，你想探索哪些有关你如何做引导的问题？

_____
_____
_____
_____
_____

日期：

> 引导就是学会爱上所有的提问，包括提给我们自己和别人的问题。

参考文献

- "Albert Einstein quotes." *ThinkExist.com Quotatrions online.* [http://en.thinkexist.com/quotes/albert_einstein/].
- Argyris, C. *Intervention Theory and Method: A Behavioral Science View.* Reading, Mass.: Addison-Wesley, 1970.
- Argyris, C. *Strategy, Change, and Defensive Routines.* Boston: Pittman, 1985.
- Bens, I. *Facilitating with Ease!* San Francisco: Jossey-Bass, 2000.
- Bloom, B. S. *Taxonomy of Educational Objectives, Handbook I: The Cognitive Domain.* NewYork: McKay, 1956.
- Bonhoeffer, D. "Suum Cuique." *Ethics,* 1955. (Reprint, London: SCM Press, 1993.) As quoted in J. Dalla Costa, *The Ethical Imperative: Why Moral Leadership Is Good Business.* New York: HarperCollins, 1998.
- Bradbury, R. *Fahrenheit 451: The Temperature at Which Books Burn.* New York: Ballantine Books, 1950.
- Brockman, J. (ed. and pub.). *The Edge Annual Question-2005.* Edge: World Question Center. [http://www.edge.org/q2005/q05_print.html]. 2005.
- Brookfield, S. D. *Developing Critical Thinkers.* San Francisco: Jossey-Bass, 1987.

参考文献

- Christensen, C., Gavin, D. A., and Sweet, A. *Education for Judgement: The Artistry of Discussion Leadership.* Boston: Harvard Business School Press, 1991.
- Clark, P. "Business Ethics: A Balancing Act." *United Church Observer,* 1994, *57*(7), 18–23.
- Cohen, R. *The Good, the Bad and the Difference: How to Tell Right from Wrong in Everyday Situations.* New York: Broadway Books, 2002.
- Dalla Costa, J. *The Ethical Imperative: Why Moral Leadership Is Good Business.* Toronto: HarperCollins, 1998.
- Dotlich, D., and Cairo, P. *Action Coaching.* San Francisco: Jossey-Bass, 1999.
- Garvin, D. A. "A Delicate Balance: Ethical Dilemmas and the Discussion Process." In *Education for Judgment.* Boston: Harvard Business School Press, 1991.
- Gaw, B. "Processing Questions: An Aid to Completing the Learning Cycle." In *1979 Annual Handbook for Group Facilitators.* La Jolla, Calif.: University Associates, 1979.
- Gaw, B. "Introduction to Structured Experiences." In J. E. Jones and J.W. Pfeiffer (eds.), *1980 Annual Handbook for Group Facilitators.* La Jolla, Calif.: University Associates, 1980.
- Gazda, G. M., and others. *Human Relations Development: A Manual for Educators* (3rd ed.). Toronto: Allyn & Bacon, 1984.
- Heron, J. *Group Facilitation: Theories and Models for Practice.* London: Kogan Page, 1993.
- Hunsaker, P., and Alessandra, A. *The Art of Managing People.* Upper Saddle River, N.J.: Prentice Hall, 1980.
- Johnson, D.W., and Johnson, F. P. *Joining Together. Group Theory and Group Skills* (6th ed.). Boston: Allyn & Bacon, 1996.

- Jones, J. E., and Pfeiffer, J.W. "Introduction to the Structured Experiences Section." In J. E.
- Jones and J.W. Pfeiffer (eds.), *1980 Annual Handbook for Group Facilitators*. La Jolla, Calif.: University Associates, 1980.
- Kaner, S., and others. *Facilitator's Guide to Participatory Decision-Making*. Gabriola Island, B.C., Canada: New Society, 1996.
- Kidney Foundation of Canada. *Advocacy Handbook*. Montreal. [http://www.kidney.ca]. 1999.
- Kolb, D. A., and Fry, R. "Towards an Applied Theory of Experiential Learning." In C. L.
- Cooper (ed.), *Theories of Group Processes*. New York: Wiley, 1975.
- Korzybski, A. *Science and Sanity*. International Non-Aristotelian Library. San Francisco: Institute of General Semantics, 1933.
- Marks, S., and Davis, W. "The Experiential Learning Model and Its Application to Large Groups." In *1975 Annual Handbook for Group Facilitators*. San Diego: University Associates, 1975.
- Metzler, K. *Creative Interviewing: The Writer's Guide to Gathering Information by Asking Questions*. Boston: Allyn & Bacon, 1996.
- Michalko, M. *Thinkertoys*. Berkeley, Calif.: Ten Speed Press, 1991.
- "Mission, Values, and Vision." [http://www.iaf-world.org]. Mar. 2006.
- Moclair, E. "Questionable Experiences in Cambodia." [http://www.cdra.org.za]. Jan. 2002.
- Moustakas, C. E. *Finding Yourself, Finding Others*. Upper Saddle River, N.J.: Prentice Hall, 1974.
- "Naguib Mahfouz quotes." *ThinkExist.com Quotations Online*. [http://en.thinkexist.com/quotes/naguib_mahfouz/]. 1988.
- Nietzsche, F. "There Are No Facts, Only Interpretations." [http://www.quotedb.

com/quotes/3311]. Apr. 2006.
- Pascale, R. *Managing on the Edge.* New York: Knopf, 1990.
- Paul, R., and Elder, L. "Three Categories of Questions: Crucial Distinctions." Dillon Beach, Calif.: Foundation for Critical Thinking www.criticalthinking.org/resources/articles/crucial-distinctions.shtml]. Oct. 1996.
- Payne, S. L. *The Art of Asking Questions.* Princeton: Princeton University Press, 1951.
- Peavey, F. *By Life's Grace.* Philadelphia: New Society, 1994.
- Peavey, F. "Strategic Questioning." [http://www.cdra.org.za]. Undated.
- PEST. [www.marketingteacher.com/Lessons/lesson_PEST.htm]. 2006.
- Postman, N., and Weingartner, C. *Teaching as a Subversive Activity.* New York: Delacorte, 1969.
- Reddy, W. B. *Intervention Skills: Process Consultation for Small Groups and Teams.* San Diego: Pfeiffer, 1994.
- Reinharz, S. "Implementing New Paradigm Research: A Model for Training and Practice." In P. Reason and J. Rowan (eds.), *Human Inquiry.* Toronto: Wiley, 1981.
- Roethke, T. "Journey to the Interior." In *The Collected Poems of Theodore Roethke.* Toronto: Doubleday, 1975.
- Ross, R., and Roberts, C. "Balancing Inquiry and Advocacy." In P. Senge, A. Kleiner, C. Roberts, R. Ross, and B. Smith, *The Fifth Discipline Fieldbook. Strategies and Tools for Building a Learning Organization.* New York: Currency Doubleday, 1994.
- Rowe, M. B. "Wait Time: Slowing Down May Be a Way of Speeding Up." *American Educator,* Spring 1987, *11,* 38–43, 47. (EJ 351 827)
- Scholtes, P. *The Leader's Handbook.* Toronto: McGraw-Hill, 1998.
- Schön, D. A. *Educating the Reflective Practitioner.* San Francisco: Jossey-

Bass, 1987.

- Schumacher, E. F. *A Guide for the Perplexed.* New York: HarperCollins, 1977.
- Schwarz, R. M. *The Skilled Facilitator.* San Francisco: Jossey-Bass, 1994.
- Schwarz, R., and others. *The Skilled Facilitator Fieldbook: Tips, Tools, and Tested Methods for Consultants, Facilitators, Managers, Trainers, and Coaches.* San Francisco: Jossey-Bass, 2005.
- Senge, P. *The Fifth Discipline: The Art and Practice of the Learning Organization.* New York: Currency Doubleday, 1990.
- Senge, P., and others. *The Fifth Discipline Fieldbook: Strategies and Tools for Building a Learning Organization.* New York: Currency Doubleday, 1994.
- Stahl, R. J. *"Using 'Think-Time' and 'Wait-Time' Skillfully in the Classroom" in A to Z Teacher*
- *Stuff, Spring Resources.* Bloomington, IN: ERIC Clearinghouse for Social Studies/Social Science Education, May 1994.
- Stanfield, R. B. *The Art of Focused Conversation.* Toronto: New Society Publishers, 2000a.
- Stanfield, R. B. *The Courage to Lead.* Gabriola Island, B.C., Canada: New Society Publishers, 2000b.
- Strachan, D. *Nobody's Perfect Training Manual.* Ottawa, Canada: Federal Government Ministry of Supply and Services, 1988.
- Strachan, D., and Pitters, M. *Workshop Management: Method to Magic—A Resource for Facilitators.* Ottawa: National Library of Canada Cataloguing in Publication Data, 2003.
- Strachan, D., Shaw, J., Kent, J., and Tomlinson, P. *Volunteers Working Together.* Ottawa, Canada: Skills Program for Volunteers in Recreation, Fitness and Sport, 1986.
- Strachan, D., and Tomlinson, P. *Gender Equity in Coaching.* Ottawa: Coaching

参考文献

Association of Canada, 1996.

- Sudman, S., and Bradburn, N. M. *Asking Questions: A Practical Guide to Questionnaire Design.* San Francisco: Jossey-Bass, 1982.
- "SWOT Analysis: Lesson." [http://www.marketingteacher.com/Lessons/lesson_swot.htm]. 2006.
- Szymborska, W. "An Opinion on the Question of Pornography." In *View with a Grain of Sand.* Orlando, Fla.: Harcourt Brace, 1995.
- Terry, R.W. *Authentic Leadership: Courage in Action.* San Francisco: Jossey-Bass, 1993.
- Tomlinson, P., and Strachan, D. *A Resource Manual for AIDS Educators.* Ottawa: Canadian Public Health Association, 1991.
- Tomlinson, P., and Strachan, D. *Power and Ethics in Coaching.* Ottawa: Coaching Association of Canada, 1996.
- Tuckman, B.W. "Development Sequence in Small Groups." *Psychological Bulletin,* June 1965, *63,* 384–399.
- Weaver, R. G., and Farrell, J. D. *Managers as Facilitators.* San Francisco: Berrett-Koehler, 1997.
- Wheeler, M., and Marshall, J. "The Trainer Type Inventory (TTI): Identifying Training Style Preferences." In J.W. Pfeiffer and L. G. Goodstein (eds.), *The 1986 Annual: Developing Human Resources.* San Diego: University Associates, 1986.

Making Questions Work: A Guide to What and How to Ask for Facilitators, Consultants, Managers, Coaches, and Educators
Copyright © 2007 by Dorothy Strachan
All Rights Reserved. This translation published under license with the original publisher John Wiley & Sons, Inc.
Simplified Chinese edition copyright © 2024 Huaxia Publishing House Co., Ltd.

北京市版权局著作权合同登记号：图字 01-2023-2120 号

图书在版编目（CIP）数据

让提问更有效 /（加）多萝西·斯特拉坎（Dorothy Strachan）著；张树金译. -- 北京：华夏出版社有限公司，2024. -- ISBN 978-7-5222-0744-5
Ⅰ. C912.1-49
中国国家版本馆 CIP 数据核字第 2024GF0513 号

让提问更有效

著　者	［加］多萝西·斯特拉坎
译　者	张树金
策划编辑	朱　悦　卢莎莎
责任编辑	朱　悦　卢莎莎
责任印制	刘　洋
出版发行	华夏出版社有限公司
经　销	新华书店
印　刷	三河市少明印务有限公司
装　订	三河市少明印务有限公司
版　次	2024 年 9 月北京第 1 版　　2024 年 9 月北京第 1 次印刷
开　本	710×1000　1/16 开
印　张	14.25
字　数	205 千字
定　价	59.80 元

华夏出版社有限公司　地址：北京市东直门外香河园北里 4 号　邮编：100028
网址：http://www.hxph.com.cn　电话：（010）64663331（转）
若发现本版图书有印装质量问题，请与我社营销中心联系调换。